# C.H.BECK ◨ WISSEN

in der Beck'schen Reihe

Es gibt nur wenige Gruppierungen, die so umstritten waren und sind wie die „Gesellschaft Jesu". Die einen sahen in dem nach militärischem Vorbild organisierten Jesuitenorden den Inbegriff von Intoleranz, Scheinheiligkeit und eines blinden „Kadavergehorsams". Von den anderen wurden die Jesuiten, die keine Ordenstracht und kein geregeltes Klosterleben kennen, wegen ihrer vielen Schulen und Universitäten gerühmt, wegen ihrer Verdienste um die barocke Kunst und Architektur bewundert und wegen ihres Einsatzes in der Mission verherrlicht. Dieses Buch beschreibt die faszinierende Geschichte des bedeutendsten Ordens der Neuzeit von seiner Gründung kurz nach der Reformation über Verfolgung und Verbot im 18. Jahrhundert, die Wiedergründung im 19. Jahrhundert und erneute Verfolgungen im 19. und 20. Jahrhundert, vor allem im „Dritten Reich", bis hin zur Gegenwart. Besondere Beachtung findet dabei die Kulturgeschichte des Ordens.

*Peter Claus Hartmann,* geb. 1940, ist seit 1988 ordentlicher Professor für Allgemeine und Neuere Geschichte an der Universität Mainz. Er war von 1971 bis 1981 Referent für Zeitgeschichte am Deutschen Historischen Institut in Paris und von 1982 bis 1988 Professor an der Universität Passau. Zahlreiche Veröffentlichungen zur neuzeitlichen Geschichte, u.a. „Der Jesuitenstaat in Südamerika" (1994). Bei C.H. Beck erschienen „Geschichte Frankreichs" (1999) sowie „Französische Könige und Kaiser der Neuzeit" (1994).

Peter C. Hartmann

# DIE JESUITEN

Verlag C.H.Beck

Mit 4 Abbildungen und 3 Karten

Die Deutsche Bibliothek – CIP-Einheitsaufnahme

*Hartmann, Peter Claus:*
Die Jesuiten / Peter C. Hartmann. – Orig.-Ausg. – München :
Beck, 2001
   (C.H. Beck Wissen in der Beck'schen Reihe ; 2171)
   ISBN 3 406 447771 6

Originalausgabe
ISBN 3 406 447771 6

Umschlagentwurf von Uwe Göbel, München
Umschlagmotiv: Emblem der Gesellschaft Jesu,
Ausschnitt aus dem Kopf des Stiftungsbriefs Herzog Wilhelms V.
von Bayern vom 26. Juni 1597 für das Münchner Jesuitenkolleg
© Verlag C.H. Beck oHG, München 2001
Gesamtherstellung: Druckerei C.H. Beck, Nördlingen
Printed in Germany

*www.beck.de*

# Inhalt

# Vorwort

Die 1540 von Papst Paul III. anerkannte „Gesellschaft Jesu"
stellte einen völlig neuen Ordenstyp dar. Der zentrale, militä-
risch straffe Aufbau des international tätigen Ordens, das
zusätzliche vierte Gelübde, speziell dem Papst zu dienen, die
besonders strenge, von Gegnern als „Kadavergehorsam" verurteilte Gehorsamsverpflichtung, die örtliche Ungebundenheit
sowie der Verzicht auf ein spezielles Ordensgewand und gemeinsames Chorgebet sorgten dafür, daß dieser Orden zu einer flexiblen, effizienten und vielseitigen Stoßtruppe der katholischen Kirche und ihres Oberhauptes wurde. Die sehr
strenge Auswahl der Novizen und die lange, vielseitige Ausbildung der Mitglieder bewirkten, daß sich in diesem Orden
eine katholische Elite versammelte. Auf religiösem und kultu-
rellem Gebiet (Kirchenlied, Dichtung, barocker Kirchenbau,
Bildungswesen, Wissenschaft) sowie im Kultur- und Wissen-
schaftstransfer zwischen den Kontinenten und Kulturen haben Jesuiten Großes geleistet. Man denke nur an die Rolle der
berühmten Hofastronomen in Peking. Der „Jesuitenstaat" in
Paraguay gehört zu den interessantesten sozialen und wirtschaftlichen Experimenten der Geschichte. Er faszinierte schon
die Zeitgenossen und wird bis heute kontrovers diskutiert.

Da die Jesuiten zeitweise großen Einfluß in Kirche, Politik,
Kultur, Schulwesen und Wissenschaft errangen, wurden sie
von Gegnern der katholischen Kirche, teilweise aber auch von
Konkurrenten innerhalb der Kirche, als gefährlich angesehen
und heftig bekämpft. Als streitbare gegenreformatorische und
gegenaufklärerische Speerspitze der katholischen Kirche hat
der Orden viel Anstoß erregt und sich zahlreiche Feinde geschaffen. Dies gilt für die protestantischen Staaten im 16. und
17. Jahrhundert ebenso wie für die Aufklärung im 18. Jahrhundert, den Kulturkampf im 19. sowie das Dritte Reich und
die kommunistischen Staaten im 20. Jahrhundert. In vielen
Ländern war der Orden verboten, in der Schweiz bis 1973.
Bis heute besteht bei vielen Menschen ein „Antijesuitismus",

gespeist von historischen Erfahrungen, aber auch von vielen Vorurteilen.

Es gibt nur wenige in der Geschichte wirksam gewordene Gruppierungen und Kräfte, die so umstritten waren und sind wie der Jesuitenorden. Von den einen als Negativinstitution der katholischen Kirche schlechthin verteufelt, wurde er von den anderen undifferenziert verherrlicht und bewundert. Ich werde versuchen, die Geschichte des Ordens im Sinne von Tacitus „sine ira et studio" möglichst ausgewogen darzustellen. Hier ist der Weltorden zu behandeln. Trotzdem soll, da das Bändchen in deutscher Sprache erscheint, ein Schwerpunkt auf der Entwicklung in den deutschsprachigen Ländern liegen.

Es bleibt mir die Freude, Dank zu sagen, und zwar meiner Schülerin A. Reese für die Unterstützung bei der Textherstellung auf dem PC und für die Anfertigung des Registers, meinen Schülern Hochschuldozent Dr. Konrad Amann und Dr. Michael Müller für ihre Hilfe beim Korrekturlesen und für ihre Anregungen, außerdem Prof. Dr. Klaus Schatz SJ von der Hochschule St. Georgen in Frankfurt, Dr. Julius Oswald SJ von der Hochschule und Frau Dr. R. Haub (Jesuitenarchiv) in München für ihre Hilfestellungen. Prof. Schatz hat mir liebenswürdigerweise Material für die neueste Entwicklung seines Ordens zur Verfügung gestellt. Schließlich danke ich dem Verlag für die gute Zusammenarbeit.

*Mainz, im Dezember 2000*          *Peter Claus Hartmann*

# I. Gründung und Anfangszeit

Die Gesellschaft Jesu wurde in hohem Maße von seinem Gründer geprägt, der die Strukturen und die spezielle Spiritualität des neuartigen Ordens vorgab und als erster Ordensgeneral die Weichen für die spätere Entwicklung stellte. Dabei spielte die ursprünglich militärische Laufbahn des Spätberufenen eine bedeutende Rolle.

## 1. Ignatius von Loyola (1491–1556) bis zur Ordensbestätigung 1540

Aus altem baskischen Adel stammend wurde der Ordensgründer wahrscheinlich im Jahr 1491 in Azpeitia als 13. und jüngstes Kind der Eheleute Loyola y Balda geboren. Da das Erbe für den Jüngsten bei so vielen Söhnen und Töchtern nicht mehr üppig ausfallen konnte, sah ihn der 1507 gestorbene Vater für den geistlichen Stand vor. Der junge Ignatius, der die Mutter kurz nach seiner Geburt verloren hatte, scheint sich allerdings zunächst weniger für geistliche Dinge interessiert zu haben. Seine Brüder waren nach der Tradition der Familie Loyola mit einer Ausnahme alle Soldaten und Abenteurer. So mußte diese Atmosphäre des Ritter- und Soldatentums den kleinen Ignatius prägen, ebenso wie die dominierende Vaterfigur Beltrán von Loyola. Dieser war damals eine wichtige Krieger- und Führerpersönlichkeit Spaniens, tatkräftig und vital. Ignatius wurde als Page zur Ausbildung in das Haus des Juan Velázquez de Cuéllar, des Haushofmeisters der Königin Isabella, geschickt. Velázquez, ein Freund des Vaters, kümmerte sich eingehend um seinen Schützling, der nun das Hofleben intensiv kennenlernte und fasziniert war von der Lektüre spanischer Renaissanceliteratur. Dort ging es vor allem um Liebesabenteuer und ritterliche Ideale. „Wie alle jungen Leute, die an den Höfen leben und sich für die militärischen Dinge begeistern", so schreibt sein späterer Sekretär Polanco über Ignatius, „war er ziemlich frei in Sachen der

Liebe, des Spiels und der Ehre", ein eitler und lebenslustiger Mann von Welt. Er kam auch heftig mit dem Gesetz in Konflikt; denn er stand 1515 mit seinen Brüdern wegen heute nicht mehr bekannter Vergehen vor Gericht und saß sogar kurze Zeit im Kerker.

1517 trat der höfisch ausgebildete junge Ritter in den Dienst des Herzogs Antonio Manrique de Lara und begann mit 26 Jahren die Laufbahn eines Soldaten, Offiziers und Kämpfers aller damaligen Waffengattungen. Er wird als ausgezeichneter Fechter und tapferer, draufgängerischer, aufbrausender, streitsüchtiger, aber auch ritterlicher Kriegsmann geschildert. So schien ihn wenig für einen Heiligen zu prädestinieren. Als er aber in der Schlacht um Pamplona 1521 im mutigen Einsatz gegen die Franzosen schwer verwundet wurde, mit dem Tode rang, überlebte, aber lange Zeit ans Krankenlager gefesselt war, trat eine Wende in seinem Leben ein: Aus dem ausschweifenden, streitsüchtigen Kriegsmann wurde ein asketischer Ordensmann und Heiliger, der sich ganz in den Dienst seiner Kirche stellte. Während seiner schweren Krankheit hatte er nämlich auf Veranlassung seiner frommen Schwägerin Magdalena das „Leben Christi" des Kartäusers Ludolf von Sachsen und die „Imitatio Christi" des Thomas von Kempen gelesen und verinnerlicht, weil seine geliebten Ritterromane nicht greifbar waren. Diese Lektüre führte eine innere Wende des Ritters herbei. Jetzt wollte er die geistlichen Helden, die Heiligen, nachahmen. Hinzu kam nach den Aussagen des Ignatius eine „Erscheinung": „Als er eines Nachts wach dalag, sah er klar ein Bild U[nserer] L[ieben] Frau mit dem heiligen Jesuskind. Bei diesem Anblick, der eine beträchtliche Zeit andauerte, empfing er ungemein großen Trost ..." (Vita, 10). Nachdem er wieder weitgehend geheilt war, zog er zum Marienheiligtum Monserrat, legte dort sein prächtiges Rittergewand ab und kleidete sich wie ein Bettler. Es folgte nun ein längerer Aufenthalt in Manresa, wo er viel fastete und in einer Höhle betete und meditierte. Durch seine strengen Fasten- und Bußübungen nahm er gesundheitlichen Schaden, bekam schwere Depressionen, wurde aber durch Visionen in seinen Vorsätzen bestärkt. Damals entwickelte er die Grundzüge seiner „geistlichen Übungen". 1523 kam Ignatius nach Barcelona und pilgerte von dort ins Heilige Land. Als sich sein Ziel, Priester zu werden, gefestigt hatte, entschloß sich der schon 33jährige ehemalige Kriegsmann, erst einmal Latein zu lernen, um studieren zu können.

Er besuchte zunächst die Universität Alcalá de Henares, eine kosmopolitisch ausgerichtete Reformhochschule. Gleichzeitig versuchte er mit großem Eifer, in „apostolischer Mission" Arme und Kranke zu betreuen. Zu diesem Zweck scharte er eine Gruppe Studenten um sich. Von Alcalá aus ging Ignatius nach Salamanca, der wichtigsten Universität Spaniens. Als der unermüdlich predigende Student dort mit der Inquisition unliebsame Erfahrungen gemacht hatte, zog er nach Paris an die Sorbonne, die mit 4000 Studenten bedeutendste Universität des Abendlandes. Sein dortiges Studium finanzierte er durch Bettelfahrten nach Brügge, Antwerpen und London. 1533 schloß er 42jährig in Paris sein Studium mit dem Magister Artium ab, scharte Studienkollegen um sich, so Peter Faber aus Savoyen, Franz Xaver aus Navarra, Diego Laínez, Alfons Salmeron, Simon Rodriguez und Nikolaus Bobadilla, die später seine treuen Gefährten und Mitbrüder wurden, und ließ sie seine „Geistlichen Übungen" (Exerzitien) absolvieren. Gleichzeitig versuchte er, Seelsorge zu betreiben und „irregeleitete Seelen auf den Pfad der Tugend zu führen". Zusammen mit seinen Gefährten legte er 1534 in der Marienkirche auf dem Montmartre bei Paris ein Gelübde ab, sich der Arbeit für das Gottesreich in Jerusalem zu widmen oder, wenn dies nicht möglich sein sollte, sich dem Papst zur Verfügung zu stellen.

Nach einer Zwischenstation in seiner spanischen Heimat kam Ignatius 1536 nach Venedig, um sich mit seinen Freunden zu treffen. In dieser Stadt begegnete er u.a. dem Prälaten des 1524 gegründeten Theatinerordens Gianpietro Caraffa. Ihm gegenüber beging der reformeifrige Ignatius einen verhängnisvollen Fehler, da er ihn und seinen Orden wegen ihrer Lebensweise kritisierte und zu ernsthaften Reformen ermahnte. Caraffa, der dies als eine Anmaßung eines spanischen

Ignatius von Loyola als Priester.
Gemälde von Schelte a Bolswert nach Peter Paul Rubens
(© SJ-Archiv/Dia Dienst)

Fremdlings und Emporkömmlings ansehen mußte, war seitdem sein Gegner. Das war folgenreich, weil Caraffa kurz nach dieser Kritik im Dezember 1536 Kardinal und Vorsitzender der Inquisition, 1553 Dekan des Kardinalskollegiums und 1555 bis 1559 als Paul IV. Papst wurde.

Nachdem sich Ignatius und seine Gefährten in Venedig intensiv der Krankenpflege gewidmet hatten, trafen sie gemeinsam am 25. März 1537 in Rom ein, wo sie von Papst Paul III. (1534–1549) die Erlaubnis erhielten, nach Jerusalem zu pilgern. Nach Venedig zurückgekehrt, legten sie das Armuts- und Keuschheitsgelübde ab und wurden zu Priestern geweiht. Da die Fahrt nach Jerusalem jedoch aus politisch-militärischen Gründen nicht möglich war, zogen die Gefährten wieder nach Rom, um dort die Juden zu missionieren, öffentlich zu predigen und Kranke zu pflegen.

Während die Gefährten schon in Venedig ihre Primiz hatten, feierte Ignatius erst 1538 im Alter von 47 Jahren seine erste Heilige Messe. Er war also ein Spätberufener mit vielfältiger und reicher Lebenserfahrung, eine gereifte Persönlichkeit, die seine Umgebung offensichtlich fasziniert und angezogen hat. Damit besaß er gute Voraussetzungen, um mit viel taktischem Geschick einen neuen Orden zu gründen, der am 27. September 1540 von Papst Paul III. durch eine Bulle bestätigt wurde. Im April 1541 wählten sodann die Vollmitglieder dieser Societas Jesu (Gesellschaft Jesu) Ignatius von Loyola einstimmig zum ersten Ordensgeneral, wie der Obere der Gesellschaft von dem ehemaligen Kriegsmann bezeichnet wurde, eine Position, die er bis zu seinem Tode am 23. Juli 1556 behielt.

## 2. Ignatius von Loyola und die Inquisition

Für den Historiker ist es von Interesse, daß der 1622 heilig gesprochene Ordensgründer mehrere Prozesse und Verhöre der Inquisition in Spanien, Frankreich und Italien hatte ertragen müssen. Die Inquisition in Spanien war eine zugleich staatliche und kirchliche Institution und ein wichtiges Instrument zur Sozialdisziplinierung und konfessionellen Vereinheitlichung des Landes. Ähnliche Disziplinierungsmaßnahmen waren in der damaligen Zeit, die im allgemeinen noch keine Toleranz im modernen Sinne kannte, fast überall in Europa, ob in protestantischen oder katholischen Staaten, üblich.

Da die spanische Inquisition nicht nur die sogenannten Kryptojuden (nur formal konvertierte, aber weiterhin praktizierende Juden) und Kryptomauren (Muslime) verfolgte, sondern auch verschiedene der Kirche verdächtige christliche Gruppierungen wie z. B. die Alumbrados, eine mystische, häretische Sekte, die eine Art Gnosis vertrat und an die direkte Erleuchtung durch den Heiligen Geist glaubte, geriet der schon im gereiften Alter studierende Ignatius, der eine Gruppe Studenten anführte, die sich gleich kleideten, schon in Alcalá ins Visier der Inquisition. Tatsächlich waren nicht wenige Alumbrados Anhänger des Ignatius. Er wurde jedoch in drei Prozessen jeweils freigesprochen. Ignatius berichtete vom zweiten Prozeß: Der mit dem Prozeß beauftragte Generalvikar Figueroa habe ihn und seine Gefährten vorgeladen „und eröffnete ihnen, daß über ihr Leben von den Inquisitoren eine Untersuchung angestellt und ein Prozeß eingeleitet sei, daß man aber in ihrer Lehre und in ihrer Lebensweise nichts Falsches gefunden habe. Deshalb könnten sie ohne irgendein Hindernis so voranmachen wie bisher. Da sie aber keine Ordensleute seien, sei es nicht angebracht, daß alle in derselben Tracht gingen ...“ (Vita, 58). Beim dritten Prozeß wurde er allerdings 24 Tage, bis seine „Unschuld“ erwiesen war, ins Gefängnis gesteckt. Immerhin konnte er dort viele Besucher empfangen.

Auch in Salamanca wurde der unermüdlich predigende Student auf Veranlassung der Dominikaner vor die Inquisition geladen, eingekerkert und einem Prozeß unterzogen. Schließlich erklärten die Richter: „Weder in ihrem Leben noch in ihrer Lehre finde sich etwas Irriges, sie könnten also so voranmachen, wie sie es bisher taten, sowohl mit der Erteilung der christlichen Lehre wie auch mit ihren Gesprächen über göttliche Dinge ...“ (Vita, 69, 70). Nach diesem Freispruch erlebte

Ignatius zwei Prozesse in Paris, einen, wahrscheinlich von Kardinal Caraffa initiierten, in Venedig und einen in Rom. Dort wurden er und seine kleine Mannschaft von Konkurrenten als Häretiker denunziert und verleumdet, vom Papst aber kräftig unterstützt und im Inquisitionsprozeß von seinen ehemaligen Inquisitoren, die zufällig in Rom waren, Figueroa (Alcalá), Gaspard de Doctis aus Venedig und Matthäus Ori aus Paris mit Engagement verteidigt. Obwohl alle Prozesse mit Freisprüchen endeten, mußte in der damaligen Zeit doch etwas hängenbleiben und mancher Gegner des Ignatius hat die Tatsache, daß dieser mehrmals vor Inquisitionstribunale geladen worden war, gegen ihn ausgespielt.

In jedem Fall hat Ignatius seine Erfahrungen mit Verleumdungen später bei der Formulierung der Ordensregeln berücksichtigt, etwa mit der Anweisung, daß die Patres nicht zu zweit in einem Bett schlafen sollten, was damals wegen des Bettenmangels durchaus üblich war, oder daß sie sich nie mit Frauen alleine in einem geschlossenen Raum aufhalten durften.

Obwohl er vor seiner Ordensgründung somit acht Prozesse und Verhöre der Inquisition durchgemacht hatte, setzte Ignatius sich als Ordensgeneral für die Inquisition ein. Diese vielleicht erstaunliche Tatsache wird von der Historiographie unterschiedlich bewertet. Es könnte sein, daß der kirchentreue Mann auf die Gerechtigkeit dieser Institution trotz oder wegen seiner Verfahren, die ja alle mit Freispruch ausgegangen waren, vertraute. Immerhin war die Inquisition nach neueren Forschungen ausgewogener und humaner als die damalige weltliche Justiz. Von manchen Historikern wird jedoch die positive Haltung des Jesuitengründers der Inquisition gegenüber als taktisches Geschick gewertet. Nach dieser Interpretation sah Ignatius die Notwendigkeit für seinen Orden, mit der Inquisition zusammenzuarbeiten, da er persönlich ihre Macht kennengelernt hatte.

Jedenfalls hat Ignatius nicht nur wie sein Gegner Kardinal Caraffa die Inquisition für Rom gefordert, sondern auch über seinen in den Jesuitenorden eingetretenen Verwandten, Pater

Aroaz, gute Beziehungen zur Inquisition in Spanien herge-
stellt. Er zögerte nicht, diese gegen seine Gegner zu Hilfe zu
rufen und einzusetzen, so z. B. gegen den Dominikaner und
bedeutenden Theologieprofessor Melchor Cano, der die Jesuiten intensiv bekämpfte.

## 3. Ignatius und die Juden

Während der große deutsche Gegenspieler des Jesuiten und
Kirchenreformers, der Reformator Martin Luther, nach seiner
relativ judenfreundlichen Schrift von 1523 „Daß Jesus ein ge-
borener Jude sei" immer judenfeindlicher wurde und schließlich 1543 seine harte Schrift „Von den Juden und ihren
Lügen" verfaßte, trat Ignatius der jüdischen Minderheit und
den Conversos (zum Christentum konvertierten Juden und
ihren Nachkommen) recht offen und tolerant gegenüber. Damit unterschied er sich auch von seinen spanischen Zeitgenossen und deren Lehre von der „Limpieza de sangre" (Reinheit
des Blutes). Dies wird von jüdischen Historikern wie C. Roth
oder A. A. Sicroff ausdrücklich betont. Ignatius lehnte jeglichen Antijudaismus ab. Allerdings ging es auch ihm vor
allem um die Bekehrung der Juden, und er förderte in erster
Linie die Konversionswilligen. Gegenüber den Conversos, die
in den spanischen Königreichen wegen des Limpieza-Statuts
immer mehr von den Ämtern, aber auch den Orden ausgeschlossen wurden, verhielt er sich jedoch sehr untypisch und
nahm sie bewußt in nicht geringer Zahl in die Gesellschaft
Jesu auf. Sie stammten häufig aus hochgebildeten und oft
vermögenden Kreisen. Bei der Frage der Aufnahme der Conversos in seine Gesellschaft mußte der Ordensgeneral gegen
heftigen Widerstand in Spanien und Portugal ankämpfen. Es
handelte sich aber bei Ignatius in erster Linie nicht um eine
prinzipielle, sondern um eine „pragmatische Toleranz", die
zweckgerichtet war und das Ziel verfolgte, den Jesuitenorden
zur höheren Ehre Gottes auszubreiten. So ist, für die damalige
Zeit fast einzigartig in Spanien, in den Ordensstatuten an kei-
ner Stelle die Abstammung eines Bewerbers von Juden oder

Mauren als Hinderungsgrund für den Ordensbeitritt zu finden. Um die Gesellschaft Jesu nicht zu gefährden, ließ Ignatius die Conversos allerdings nicht in Spanien oder Portugal, sondern in Italien aufnehmen. Immerhin waren zwei besondere Vertraute des Generals, nämlich Diego Laínez und Juan de Polanco, wahrscheinlich Conversos; Laínez wurde der Nachfolger von Ignatius als Ordensgeneral und Polanco war erster Sekretär der Gesellschaft Jesu.

## 4. Die Jesuiten unter dem Generalat des Ordensgründers

Schon unter Ignatius von Loyola erlebte die Societas Jesu einen beachtlichen Aufschwung, der sich nach 1556 mit großen Schritten fortsetzte. Gab es 1544 erst 40 Jesuiten, so betrug ihre Zahl beim Tod des Gründers 1556 schon rund 1000, die in mindestens 50 Niederlassungen (Kollegien, Profeßhäusern, Residenzen, Noviziaten und Missionen) wirkten. Loyola hatte bis zu diesem Zeitpunkt bereits zwölf Ordensprovinzen gegründet, und zwar am 26.10.1546 die von Portugal (geleitet vom Ordensprovinzial Simon Rodrigez), am 1.9.1547 die von Spanien (Provinzial: Antonio Araoz), die er am 7.1.1554 in drei Provinzen aufteilte: Aragon, Bética und Castilla. Ferner schuf der Gründer die Ordensprovinzen Indien (mit Japan, 10.10.1549, Provinzial: Franz Xaver), Italien ohne Rom (5.12.1551, Provinzial: zunächst Paschase Broet), Sizilien (März 1553, Jerónimo Doménech), Brasilien (9.7.1553, Manuel de Nóbrega), Frankreich (1555, Paschase Broet), Niederdeutschland (1556, Bernard Oliver) und Oberdeutschland (7.6.1556, Petrus Canisius). Schließlich gab es die allerdings bald wieder aufgelöste Provinz Äthiopien.

Ignatius legte aber nicht nur die künftige straffe Organisation seines zentralistisch geleiteten Weltordens fest, sondern er schuf auch einen neuartigen, wegen seiner Flexibilität und seiner Methoden sehr wirksamen Ordenstyp, der bald von verschiedenen Kreisen der katholischen Kirche mit Mißtrauen und von den Protestanten in zunehmend erbitterter Gegnerschaft betrachtet wurde.

Als Zentrum der Aktivitäten wurde ein Haus nahe der Kirche Santa Maria della Strada in Rom erworben. Der General bewohnte dort ein kleines Zimmer, das er in den nächsten 15 Jahren kaum verließ. Von dort aus leitete er den Aufschwung des jungen Ordens, spornte seine Jesuiten an, unterstützte sie und verfolgte aufmerksam, was sie taten. So wurde Ignatius „der Leiter eines die Welt umspannenden apostolischen und intellektuellen Wagnisses" (Meissner). Er kümmerte sich um viele Details, die geistliche Führung der Novizen, und widmete sich intensiv der Abfassung der Ordenssatzungen. Da seine Gesundheit angeschlagen war, erhielt er mit Juan de Polanco einen Sekretär, der sich als ausgezeichneter und effizienter Administrator und Organisator erwies.

Als Generaloberer trat Ignatius einfach und anspruchslos auf. Zugleich war er ein Charismatiker, der seine Ordensbrüder mitreißen und begeistern konnte. „Sein Charakter", so betont Meissner in seinem ‚Psychogramm', „war durch und durch der eines Basken – eigensinnig, hartnäckig, leidenschaftlich, streng, wortkarg und doch zeitweilig charmant und humorvoll. Er war ein Mann mit großen Talenten und offenkundigen Unzulänglichkeiten". Nach den Zeugnissen seiner Gefährten besaß er Eigenschaften wie Großzügigkeit, spirituelle Güte, Ausdauer, außerordentliche Seelengröße, aber auch Ehrsucht. Um seinen Orden zu leiten, führte er eine gewaltige Korrespondenz. Angesichts der großen Schwierigkeiten, mit denen er zu kämpfen hatte, sind seine Leistungen imponierend. So mußte er u. a. eine schwere Krise des Ordens in Portugal meistern, wo die am Hofe einflußreichen Jesuiten und vor allem der Provinzial Simón Rodriguez den Gehorsam verweigerten. Infolge dieser Krise traten mehr als die Hälfte der Mitglieder der portugiesischen Provinz aus dem Orden aus. Einen harten Schlag mußte es für Ignatius auch bedeuten, daß sein großer Widersacher Caraffa am 23. Mai 1555 zum Papst (Paul IV.) gewählt wurde. Dieser war der Gesellschaft Jesu wenig gewogen und wollte deren Satzungen verändern. Da und dort erhoben die Gegner, so in Spanien einige Dominikaner oder in Paris die Sorbonne, Vorwürfe und sprachen

Verurteilungen aus. Dazu kamen große finanzielle Schwierigkeiten, besonders der Missionen in Rom, wo man hungerte. Ignatius war offensichtlich kein guter Finanzverwalter, so daß er sich dauernd einem großen Schuldenberg gegenübersah. Auch wenn er versuchte, „alle Bindungen an Geld und weltliche Annehmlichkeiten zu überwinden", brauchte er doch Mittel, um seine jungen Scholastiker zu ernähren: die Realität holte hier den religiösen Idealisten ein.

Der Ordensgeneral, der in seinem Leben großenteils unter Schmerzen (Gallensteine u. a.) litt, wurde in der römischen Hauptkirche des Ordens *Il Gesù* bestattet. Man errichtete bis 1587 über dem Grab einen prächtigen Barockaltar mit silberner Statue des Ignatius, der 1609 selig und 1622 heilig gesprochen wurde.

## II. Organisation und Spiritualität des Ordens

### 1. Ein neuartiger Ordenstyp

In der westlichen Kirche entstanden im Mittelalter immer wieder neue Orden und Reformbewegungen. Während die protestantischen Kirchen solche Orden ablehnten, gründete man in der katholischen auch in der frühen Neuzeit zahlreiche Reformorden, beispielsweise die Theatiner, Kapuziner, Ursulinen, Englischen Fräulein und als geschichtsmächtigste Erscheinung die Gesellschaft Jesu. Hier handelte es sich um einen völlig neuartigen Ordenstyp. Im Gegensatz zu den früheren Kommunitäten, für die klösterliche Gemeinschaft mit gleicher Kleidung, gemeinsames tägliches Chorgebet und das konstante Leben in einem bestimmten Kloster grundlegende Elemente waren, verzichtete die Societas Jesu auf solche Formen. Ignatius schrieb kein von den Mitgliedern gemeinsam verrichtetes Chorgebet, keine verbindliche Ordenstracht und keine Bußübungen vor. Nicht die Gemeinschaft des am Ort befindlichen Klosters war das Ziel des jesuitischen Ordenslebens, sondern die Sendung der Mitglieder. Hierdurch konnten die Jesuiten sehr flexibel und unter stärkerer Berücksichtigung des Individuums sehr wirksam und vielfältig eingesetzt werden, und zwar als Missionare, Lehrer, Professoren, Wissenschaftler, in kirchlichen und politischen Missionen oder als Hofbeichtväter. Diese Flexibilität führte zu einer außerordentlichen Mobilität des Ordens, dessen Mitglieder für die verschiedensten schwierigen Aufgaben verfügbar waren.

Die starke Betonung des Individuums entsprach dem damals modernen Menschenbild der Renaissance. Allerdings wurde von Ignatius auch die Sündhaftigkeit des Menschen gesehen und das Individuum mit einer neuen Form von Spiritualität konfrontiert. Als geistliches Ideal galt ihm die „Pilgerschaft". So heißt es in den Satzungen der Gesellschaft Jesu: „Unsere Berufung ist, in jedweder Gegend der Welt unterwegs zu sein und das Leben zu führen, wo mehr Dienst für Gott und Hilfe für die Seelen erhofft wird".

Die Jesuiten verpflichteten sich mit ihren Gelübden, dem Orden und speziell dem Papst gegenüber gehorsam zu sein, zur weltweiten Mobilität. Sie waren bereit, überall dorthin zu gehen, wo es im Interesse ihrer Kirche lag. Diese Verfügbarkeit ermöglichte eine erstaunliche Wirksamkeit des weltweit agierenden Ordens, der durch eine straffe zentralistische Organisation geprägt war. Eine Besonderheit war auch das vierte Gelübde, das den ausdrücklichen Gehorsam gegenüber dem Papst festlegte. Für Ignatius und seine Nachfolger repräsentierte der Papst das Gemeinwohl der Kirche. Deshalb hat er trotz der auch von ihm gesehenen Mißstände ganz bewußt eine starke Bindung an die römisch-katholische Weltkirche und den Papst festgelegt und einen neuen, betont internationalen Ordenstyp geschaffen.

Wenn auch das Gehorsamsgelübde in allen Orden gefordert wurde und wird, so war der Gehorsam in dem straff zentralistischen Orden des ehemaligen Offiziers Ignatius besonders ausgeprägt. In den Satzungen der Gesellschaft wird gefordert, daß die Mitglieder alle Kräfte „in die Tugend des Gehorsams legen [sollten], zuerst gegenüber dem Papst und danach gegenüber den Oberen der Gesellschaft". Es heißt dort weiter: „Wir sollen also in allen Dingen, auf die sich mit der Liebe der Gehorsam erstrecken kann, bereit für dessen Stimme sein, wie wenn sie von Christus unserem Herrn ausginge; denn an seiner Stelle und aus Liebe und Ehrfurcht für ihn leisten wir den Gehorsam ..." Hierauf kommen die Formulierungen, die von den Kritikern des Ordens als Forderung nach einem „Kadavergehorsam" verurteilt wurden und werden: „Wir sollen überzeugt sein, daß alles gerecht ist, und in blindem Gehorsam all unser entgegengesetztes Meinen und Urteil in allen Dingen verleugnen, die der Obere anordnet, wo sich nicht – wie gesagt – bestimmen läßt, daß irgendein Anschein von Sünde besteht. Wir sollen uns dessen bewußt sein, daß ein jeder von denen, die im Gehorsam leben, sich von der göttlichen Vorsehung mittels des Oberen führen und leiten lassen muß, als sei er ein toter Körper, der sich wohin auch immer bringen und auf welche Weise auch immer behandeln läßt, oder wie ein Stab eines alten Mannes, der dient, wo und wozu auch immer ihn der benutzen will."

Diese absolute Gehorsamsforderung wurde mit dem in totalitären Diktaturen geforderten Gehorsam verglichen. Allerdings werden in den Satzungen der Societas Jesu wichtige Einschränkungen gemacht: Befehlen, die zu sündigen Handlungen, d. h. zu Verstößen gegen die Zehn Gebote und die Morallehren der Kirche führen, muß nicht gehorcht werden. Der Generalobere wird von der Generalversammlung kontrolliert und kann bei schweren Verfehlungen abgesetzt und aus dem Orden ausgeschlossen werden.

Der Ausdruck „Kadavergehorsam" kommt daher, daß der vielfältig zu interpretierende spanische Ausdruck „cuerpo muerto" in der lateinischen Übersetzung mit „cadaver" wiedergegeben ist. Von jesuitischer Seite wird betont, daß es sich nicht um einen „Kadavergehorsam" handelt, sondern um „einen Gehorsam, in dem ein Mensch ‚seine ganze Absicht und alle Kräfte' sowie ‚große Bereitschaft, geistliche Freude und Ausdauer' einsetzt". Es handle sich also um einen „ganz und gar lebendigen Gehorsam" (Knauer).

## 2. Ein zentralistischer Weltorden

Während die protestantischen Kirchen in der frühen Neuzeit regional begrenzte unabhängige Landeskirchen wie in Deutschland oder Staatskirchen wie in England, Schweden oder Dänemark, mit dem jeweiligen Fürsten bzw. König als religiösem Oberhaupt waren, blieb die katholische Kirche eine Weltkirche mit dem Papst an der Spitze. Trotzdem war in ihr der Zentralismus viel weniger ausgeprägt als heute, und die Kirche im Heiligen Römischen Reich oder gar die gallikanische in Frankreich waren relativ unabhängig von der Kurie. Auch ein Großteil der Orden hatte eine stark föderale Struktur mit großer Unabhängigkeit der einzelnen Klöster, die meist locker nach Ordensgemeinschaften regional zusammengefaßt waren.

Demgegenüber gestaltete sich der Jesuitenorden als ein straff hierarchisch aufgebauter, zentral von Rom aus geführter Orden, der in allen katholischen Ländern der Welt sowie in der Mission in den damals bekannten vier Erdteilen seine rege Tätigkeit ausübte. Lebten in den Ordensprovinzen Europas zumeist Patres und Fratres aus den entsprechenden Ländern und Regionen beisammen, so wirkten die Jesuiten in der Mission als wahrhaft internationale geistliche Truppe. In China etwa waren Jesuiten aus Italien, Frankreich, den Niederlanden, Deutschland, Österreich und Portugal nebeneinander tätig. In Japan gab es bis zur blutigen Verfolgung neben europäischen auch einheimische Ordensmitglieder. In der Missionsprovinz Paraguay, dem sog. „Jesuitenstaat", der zum spanischen Kolonialreich gehörte, wirkten neben Spaniern und spanischstämmigen Amerikanern Italiener, Niederländer, Engländer, Deutsche, Österreicher, Böhmen, Ungarn etc. Im 18. Jahrhundert hatten dort immerhin 20% bis 25% der Patres Deutsch als Muttersprache. Diese heute sehr modern anmutende Internationalität rief nicht selten das Mißtrauen der Kolonialregierungen hervor.

Die weltweit verbreitete Gesellschaft Jesu wurde vom Ordensgeneral, der dem Papst unterstand, regiert, der General seinerseits von der Generalkongregation gewählt. Ihm standen beratende Gremien zu Seite. Unterhalb der Ordensleitung fungierten die Assistenzen als mittlere Instanzen. Sie faßten (und fassen) jeweils mehrere Ordensprovinzen zusammen.

Die Satzungen der Societas Jesu räumten und räumen dem Generaloberen sehr weitgehende Vollmachten ein, die mit der Internationalität und weltweiten Verbreitung des Ordens zusammenhängen. Die Satzungen (achter Hauptteil, erstes Kapitel) weisen auf die Schwierigkeiten der „Glieder dieser Gemeinschaft" hin, sich „mit ihrem Haupt und untereinander [zu] vereinen, da sie auf verschiedene Gebiete der Welt unter Gläubige und unter Ungläubige verstreut sind". Weiter unten heißt es: „Weil diese Einheit zum großen Teil durch das Band des Gehorsams bewirkt wird, soll dieser stets in seiner Kraft aufrechterhalten werden."

Um die Position des Generaloberen, der die Einheit garantierte, zu stärken, wurde er von der Generalversammlung auf Lebenszeit gewählt. Bei dieser Wahl war den Satzungen zufolge auf viele gewünschte Eigenschaften des Kandidaten zu achten: u. a. besondere Verbundenheit mit Gott, Nächstenliebe, Freiheit von „allen Leidenschaften", Verbindung von „notwendig[er] Geradheit und Strenge mit der Güte und Milde", „Großmut und Tapferkeit des Herzens", um „die Schwächen vieler zu ertragen und um große Dinge im Dienst für Gott unseren Herren zu beginnen und in ihnen zu verharren".

Der Generalobere erhielt „alle Vollmacht" bei der Auswahl des Nachwuchses und der Entscheidung über deren Entsendung zum Studium, bei der Oberaufsicht und Leitung der Kollegien. Er mußte darauf achten, daß die Satzungen der Gesellschaft überall beachtet werden. Er konnte, allerdings auf keinen Fall im Widerspruch zum „Apostolischen Stuhl", die Ordensmitglieder „wohin auch immer in der Welt senden, für die bestimmte oder unbestimmte Zeit, die er für gut hält". Schließlich lag beim Ordensgeneral die Disziplinar- und Strafgewalt und das Recht, eine Generalkongregation einzuberufen oder „anzuordnen, daß die Provinzialkongregation zusammenkomme".

Die Ordensmitglieder durften nur mit seiner Billigung Würden (etwa Bischofsämter) annehmen. Er setzte die Rektoren der Kollegien, Universitäten und die Ortsoberen der Häuser ein und ernannte „die Provinziäle" (Provinzoberen) „gewöhnlich für drei Jahre", „wobei er diese Frist verkürzen oder verlängern kann". Außerdem sollte er selbst „auch die übrigen Amtsträger bestellen, die zur Leitung der Gesellschaft notwendig sind, wie den Generalprokurator und den Sekretär der Gesellschaft".

Zusammenfassend sollte er (Satz., T. 9, Nr. 765) „in allen Dingen, die zu dem durch die Gesellschaft erstrebten Ziel der Vervollkommnung der Nächsten und der Hilfe für sie zu göttlicher Verherrlichung beitragen, allen in Gehorsam befehlen können. Und auch wenn er anderen untergeordneten Oberen, Visitatoren oder Kommissaren seine Vollmacht mitteilt, soll er billigen oder widerrufen können". Der mit so weitgehenden Vollmachten ausgestattete Ordensgeneral wurde und wird allerdings von der Generalkongregation kontrolliert und konnte und kann „in einigen Fällen" (Satz., T. 9, Nr. 774) abgesetzt und sogar aus dem Orden ausgeschlossen werden. „Zum Beispiel bei aktualen Todsünden, namentlich wenn er Geschlechtsverkehr hat, [andere mit einer Waffe oder einem Messer] verwundet, die Einkünfte der Kollegien für seine eigenen Ausgaben nimmt oder an wen auch immer von außerhalb der Gesellschaft gibt, oder wenn er eine schlechte Lehre hätte".

Die straff militärische, nach modernem Verständnis wenig demokratisch erscheinende Struktur des Ordens war und ist gleichwohl von demokratischen Elementen (Wahlen) ergänzt. Über dem Generaloberen steht nämlich die Generalkongregation der Gesellschaft Jesu, die aus den vom General ernannten Provinzialen, aber auch zusätzlich aus je zwei gewählten Vertretern der verschiedenen Provinzen besteht. Diese zu zwei Dritteln gewählte Versammlung besitzt als eine Art Legislativgewalt das Recht, die Gesetze der Gesellschaft zu beschließen und zu ratifizieren und die Kontrolle über den General auszuüben, den sie auf Lebenszeit wählt. Diese Legislativge-

Generalkongregation (bestehend aus den Provinzialen und je zwei gewählten Vertretern der Provinzen) beschließt und ratifiziert die Ordenssatzungen, bestimmt Richtlinien für die Tätigkeit der Gesellschaft Jesu

wählt und kontrolliert

wählt

vier Generalassistenten

kontrollieren

Ordensgeneral = Exekutive

Assistenz, geleitet von einem Assistenten

Provinz   Provinz   Provinz   Provinz, geleitet von einem vom General ernannten Provinzial

Haus   Haus   Haus   Haus, geleitet von Rektor oder Superior

Assistenz, geleitet von einem Assistenten

Provinz   Provinz   Provinz   Provinz

Haus   Haus   Haus   Haus

Die Organisation des Jesuitenordens (nach Ebneter, S. 43)

walt legt auch die Richtlinien für die Tätigkeit des Ordens fest. Da sie nicht dauerhaft und regelmäßig tagt, sondern meist nur nach dem Tod eines Ordensgenerals, wählt sie zur Kontrolle des „Pater Generals" vier Generalassistenten.

Dem Ordensoberen, der als Verkörperung der Exekutive die Regierungsgeschäfte der Societas Jesu führt, die Provinziale und die Oberen der wichtigen Häuser ernennt, unterstehen in straffer Hierarchie die Ordensprovinzen. Mehrere solcher Provinzen einer Weltregion oder eines Sprachgebietes sind im allgemeinen zu einer Assistenz zusammengeschlossen, deren Vertreter in Rom residiert. Den Provinzialen unterstehen die einzelnen Häuser (Kollegien, Seminare, Residenzen), die jeweils von einem Rektor oder Superior geleitet werden. Allein wohnende und wirkende Jesuiten gehören organisatorisch zu einer Hausgemeinschaft. So ist jeder Jesuit, sei es in seiner Tätigkeit an einem großen Kolleg, an einer Universität, als Beichtvater oder in Einzelmission in Europa oder verschiedenen Kontinenten jeweils fest in die straffe Hierarchie und die Gehorsamspflicht eingebunden.

## 3. Exerzitien und Spiritualität

Mit seinen Exerzitien hat Ignatius von Loyola eine besondere Spiritualität des Jesuitenordens grundgelegt. Die oben erwähnte Betonung des Individuums, die für den damals gebildeten Menschen der Renaissance typisch war, wurde von Ignatius mit seiner Spiritualität verknüpft. Ihm ging es darum, daß dem Menschen vor dem Angesicht Gottes sein persönlicher Weg klar werde. Dabei war er der Überzeugung, daß die zu dieser Klarheit führenden geistlichen Erfahrungen einübbar und den anderen mitteilbar seien. Deshalb verfaßte er seine „Geistlichen Übungen" (ejercicios espirituales). Ignatius baute diese Exerzitien zu einem „methodisch gegliederten Handbuch" aus, das 1548 zunächst anonym in Rom mit dem Titel „Exercitia spiritualia" erschien. Dabei handelte es sich um eine planmäßige Anleitung für diejenigen, welche die geistlichen Übungen durchführen und betreuen sollten. Ignatius schuf somit ein spirituelles Buch mit praktischen Anweisungen, wie Gewissenserforschung, Beten, Meditieren und Lebensentscheidungen vorzunehmen sind und welche Meditations- und Kontemplationstechniken angewendet werden sollen, d. h. eine „systematische Beschreibung und Methodologie der christlichen Spiritualität".

Die hier vorgeschriebenen und detailliert empfohlenen Exerzitien sind in vier „Wochen" eingeteilt. Jede konzentriert sich um eine eigene Thematik und ist nachdrücklich auf ein bestimmtes Ziel hin ausgerichtet. Die Teilnehmer dieser Übungen unterwerfen sich genau abgemessenen Anleitungen für Meditationen, „bei denen Phantasie und Imagination, Verstand und Wille, Affektivität und Engagement zum Zuge kommen". Der streng geregelte Ablauf wird unterstützt durch Stillschweigen, räumliche Absonderung, Fasten, gezielte Lichteffekte, bestimmte Stellungen des Körpers etc. Im Verlauf dieser Meditationen soll sich das Ich „im psychodramatischen Rollenspiel seiner selbst" bewußt werden und „unter Zulassung großer Gefühle sein Leben vor Gott" ordnen (M. Sievernich).

Dabei muß sich der Exerzitant zuerst über Ziel und Sinn des menschlichen Lebens Gedanken machen. Er soll erkennen, daß er als Geschöpf Gottes dazu geboren ist, Gott zu loben und gleichzeitig das Heil seiner Seele zu suchen. Durch Gleichmut und Gleichgültigkeit den weltlichen Dingen gegenüber soll er frei werden für eine Lebensentscheidung für Gott. Deshalb meditiert der Exerzitienteilnehmer in der „Ersten Woche" einerseits über die Sündhaftigkeit der Menschen und speziell des eigenen Ich und läßt sich andererseits vertrauensvoll von der Barmherzigkeit Gottes im Dialog mit Christus leiten. Nach diesen vorbereitenden Meditationen wird in der „Zweiten Woche" in religiöser Versenkung über das Leben Jesu nachgedacht mit dem Ziel, in einem persönlichen, das Leben bestimmenden Entschluß die Wahl für die Nachfolge Christi zu treffen. In „dieser regelgeleiteten Hinführung zu einer existentiellen Entscheidung", so betont Sievernich, „besteht gewiß das Herzstück der Exerzitien". In der „Dritten" und „Vierten Woche" konzentriert man sich dann auf die Leidensgeschichte und Auferstehung Christi. Schließlich werden die Exerzitien mit einer „Betrachtung zur Erlangung der Liebe" beendet, die dazu führen soll, daß der Mensch Gott „in allen Dingen" sucht.

Es handelt sich hier also um eine schon typisch neuzeitliche, stark das freie Subjekt betonende Spiritualität, die „zur Selbstgewißheit vor Gott im spirituellen Vollzug" (Sievernich) führen soll. Die Exerzitien wurden zur Grundlage der jesuitischen Spiritualität. Die subjektive und doch gemeinsame geistliche Erfahrung führte zur Bildung einer Gemeinschaft mit anderem Charakter als bei den meisten anderen Orden. Die Geistlichen Übungen des Ignatius sind, so betont William W. Meissner, „eines der einflußreichsten Werke des westlichen Kulturkreises. Sie wurden zur Richtschnur für die geistliche Erneuerung der römischen Kirche während der ganzen Zeit der Gegenreformation, und sie prägen ... das geistliche Leben der Kirche bis heute."

## 4. Die Aufgaben des Ordens

Ignatius wies seinem Orden besondere Aufgaben zu, die dieser ohne geographische und politische Einengung durchzuführen hatte. Das wichtigste Ziel war, „den Seelen zu helfen". Deshalb betonte er in der Gründungsurkunde des Ordens (hier zitiert nach der verbesserten Formel der päpstlichen Bulle von 1550), daß dieser errichtet worden sei, „um besonders auf die Verteidigung und Verbreitung des Glaubens und den Fortschritt der Seelen in Leben und christlicher Lehre abzuzielen durch Predigten, Vorträge und jedweden anderen Dienst des Wortes Gottes und die Geistlichen Übungen, die Unterweisung von Kindern und einfachen Menschen im Christentum, die geistliche Tröstung der Christgläubigen durch Beichthören und die Verwaltung der übrigen Sakramente; und er soll sich bemühen, zuerst Gott ... vor Augen zu haben". Die Jesuiten betrieben eine „tröstende Pastoral" und betonten, Christus sei Tröster, Erlöser, Helfer, Heiler und Befreier.

Auch die Seelsorge sollte vor allem helfen und trösten. Entsprechend der in der Renaissance betonten Würde des Menschen sollten beim Christen göttliche Gnade und menschlicher Wille zusammenwirken.

Im Rahmen dieser seelsorgerischen Vorgaben legte Ignatius allgemeine Kriterien für die Tätigkeit seiner Ordensbrüder fest. Sie sollte auf „divino honor y bien universal mayor", d.h. auf die größere Ehre Gottes und das Gemeinwohl ausgerichtet sein. Als spezielle Regeln für die Auswahl der Wirkungsstätten sah er in den Satzungen vor, daß bei ansonsten ähnlichen Bedingungen die Orte zu bevorzugen seien, in denen die Not am größten sei, ferner, daß man den großen Völkern in Asien und Amerika mit Vorrang helfen und schließlich, daß man sich auf die wichtigen Städte und die Universitäten konzentrieren solle. Aufgrund dieser Vorschriften nahm die Gesellschaft Jesu ihre Tätigkeit vor allem in den Städten Europas und in den fernen Kontinenten auf. Während die Patres in einer katholischen Stadt nach der anderen ihre neuartigen Seelsorgedienste leisteten, gründeten sie, wo sie konnten, Kollegien für die Ausbildung der männlichen Jugend. Gleichzeitig betrieben sie in großem Stil Weltmission in Amerika, Asien und Afrika. Auf diese spezifischen Tätigkeiten: Seelsorge in den Städten, Schulen und Universitäten sowie Mission, wird in eigenen Kapiteln näher einzugehen sein. Von politischer Bedeutung war auch die Seelsorge für die Fürsten und Höfe, da sie dem Orden großen Einfluß verschaffte. Angesichts der Krise, in der sich die katholische Kirche im Reformationszeitalter befand, und der positiven Aufnahme der neuen Lehren in weiten Kreisen der Bevölkerung schuf Ignatius, der Zeitgenosse Martin Luthers und Johannes Calvins, mit seinem neuartigen, mobilen, auf Bildung ausgerichteten Orden ein sehr effizientes Instrument der Gegenreformation bzw. der katholischen Reform.

# III. Die Entwicklung des Ordens bis 1640

Die Gesellschaft Jesu erlebte bis 1640 einen ungeheuren Aufschwung. Als Ignatius im Jahre 1556 starb, hatte sie ca. 1000
Mitglieder, um 1570 ca. 3000, um 1590 bereits 6000 und
1640 schon mehr als 15 000 Mitglieder.

## 1. Die Jesuiten als Speerspitze der katholischen Reform

Als Ignatius 1540 die „Gesellschaft Jesu" gründete, stand die
katholische Kirche in der vielleicht größten Krise ihrer Geschichte. Etwa die Hälfte des Abendlandes hatte sich von der
alten Kirche abgewendet oder war dabei, es zu tun: ein großer
Teil Mitteleuropas, ganz Skandinavien, England und Schott-
land. Aber auch in Frankreich, Ungarn und Polen gewannen
die Protestanten im Laufe des 16. Jahrhunderts immer mehr
Anhänger. Vor allem die gehobenen und gebildeten Kreise, der
Adel und das städtische Bürgertum, vielfach auch Theologen
und Priester, zeigten sich für die neuen Lehren der großen
Reformatoren Martin Luther, Johannes Calvin und Ulrich
Zwingli sehr offen und schlossen sich den protestantischen
Bekenntnissen an. Dazu kamen die Erfolge der Täufer in wei-
ten Schichten der Bevölkerung.

Angesichts dieser katastrophalen Lage der alten Kirche, ihrer
Mißstände und Reformbedürftigkeit, die Ignatius klar sah, kam
den Reformen der Jesuiten eine entscheidende Rolle zu. Im Gegensatz zu den Humanisten und vor allem den Reformatoren
betrieb die Gesellschaft Jesu die Erneuerung von Glauben und
Kirche nicht gegen den Papst, sondern in bewußter und eigens
betonter Unterordnung unter die bestehende hierarchische Kirche mit dem viel kritisierten Oberhaupt in Rom. So wurde die
Gesellschaft Jesu zur Speerspitze der katholischen Reform, zu
der neben den Jesuiten selbstverständlich auch viele andere
Orden, etwa die Kapuziner und Theatiner oder die Frauen-
schulorden der Ursulinen, Englischen Fräulein, Augustiner
Chorfrauen etc. sowie Bischöfe und Päpste beigetragen haben.

Die Jesuiten setzten die Schwerpunkte ihrer Tätigkeit gerade in den Bereichen, in denen die katholische Kirche im 16. Jahrhundert mit besonderen Schwierigkeiten und Problemen konfrontiert war, nämlich in der Seelsorge der Städte und der Adligen, d. h. der führenden und auch für die Konfessionswahl entscheidenden Schichten. Deshalb eröffneten sie fast ausschließlich in den größeren Städten Europas ihre höheren Schulen, d. h. die Kollegien. Bald führten sie auch in den meisten Bischofsstädten die Priesterseminare, dominierten die katholischen theologischen Fakultäten und prägten somit zunehmend die Ausbildung und Ausrichtung des katholischen Klerus. Dabei hatten sie durch ihre tröstende Pastoral, die systematische Pflege und Förderung der typisch katholischen, sinnlichen barocken Frömmigkeit mit all den Bruderschaften, Kongregationen, Andachten, Wallfahrten und Prozessionen, mit den speziellen, systematisch für die Seelsorge eingesetzten Theateraufführungen, dem prächtigen Kirchenbau und dem damals als besonders modern geltenden höheren Schulwesen große Erfolge bei der Rückgewinnung der Oberschichten, aber auch breiter Kreise in den katholisch regierten Städten und Territorien. In der an Bayern gefallenen Oberpfalz gelang es den Jesuiten im Zusammenwirken mit harten Zwangsmaßnahmen des Kurfürsten Maximilian I. (Ausweisung von protestantischen Geistlichen, Befehle zur Konversion, Ausweisung von Adligen und Bürgern, die ihrer protestantischen Konfession die Treue hielten) durch ihre feierlichen Gottesdienste, durch „festliche Ausschmückung der Kirchen, Ave-Maria-Läuten, öffentliche Katechesen, Kongregationsgründungen", vor allem aber durch den Aufbau der Jesuitenschulen, weite Kreise der Bevölkerung für den katholischen Glauben zu gewinnen und viele Oberpfälzer nicht nur äußerlich zu überzeugten Katholiken zu machen. Auch dort, wo die Jesuiten in Konkurrenz mit einer evangelischen Mehrheit des Bürgertums durch ihr Kolleg und ihre Seelsorge wirkten, wie in Fulda unter dem Fürstabt Balthasar von Dernbach (1570–1601), gelang es ihnen, vor allem die junge Generation mehr und mehr zu gewinnen und schließlich die Stadt ohne fürstäbtliche

Zwangsmaßnahmen zu rekatholisieren. Die Jesuiten trugen außerdem entscheidend dazu bei, daß sich der im 16. Jahrhundert stark ausgeprägte Trend der gehobenen Schichten zur neuen Lehre hin umkehrte und das 17. und das frühe 18. Jahrhundert zu einem Säkulum der Konversion vieler Adliger, auch Reichsfürsten, und Bürger zum Katholizismus wurde. Man denke an die schwedische Königin Christine, die einzige Tochter und Nachfolgerin Gustav Adolfs, der als Held des Protestantismus galt, oder an mehrere Kinder des pfälzischen Kurfürsten Friedrich V., des Hauptes der protestantischen Union und „böhmischen Winterkönigs" im Dreißigjährigen Krieg, dessen Tochter Luise-Hollandine z. B. Nonne und Äbtissin von Maubuisson in Frankreich wurde. Wie immer in der Geschichte, waren die Ursachen dieses Trends komplex. Neben Opportunismus spielte bei vielen auch Überzeugung und die zunehmende Attraktivität der katholischen barocken Kultur eine Rolle. Volker Press bemerkt dazu treffend, das 17. Jahrhundert sei zu einem Jahrhundert der Konvertierten geworden. Er spricht „von der größeren Attraktivität des Katholizismus" und betont, die Qualität der Jesuitenschulen habe den Katholizismus für Kinder von Protestanten attraktiv gemacht und „damit den Grundstock für manche Konversion" gelegt.

Von Gegnern der Gesellschaft Jesu wurde diese vielfach als Kampforden angesehen, der gegen den Protestantismus gegründet worden sei. Wenn sie, vor allem im Heiligen Römischen Reich, aber auch anderswo als katholische Speerspitze u. a. gegen die Protestanten arbeitete, so wurde das „antiprotestantische" Motiv von Ignatius selbst nicht betont und auch nicht besonders in den Satzungen des Ordens verankert. Die Tätigkeitsbereiche zur Ausbreitung des Glaubens wurden der Entscheidung des Papstes überlassen. In den Satzungen werden als Ziel der Mission nach „den Moslems" und „anderen Ungläubigen" erst als drittes auch „Häretiker und Schismatiker", zu denen nach damaligem katholischen Verständnis auch die Protestanten gehörten, aufgezählt. Daß die ursprüngliche Stoßrichtung der Ordenstätigkeit nicht in erster Linie gegen die Protestanten gerichtet war, zeigt schon die Tatsache, daß beim Tode des ersten Ordensgenerals Ignatius 1556 von gut 50 Niederlassungen der Gesellschaft Jesu weltweit nur sieben im Heiligen Römischen Reich errichtet worden waren. Die Schwerpunkte lagen damals in Südeuropa, Frankreich und in der Mission in fernen Kontinenten.

## 2. Die Pflege barocker Frömmigkeit

Nach dem Konzil von Trient (1545–63) entwickelte sich im Rahmen der katholischen Reform eine sehr sinnliche, typisch katholische Barockkultur und -frömmigkeit, die durch prächtige Kirchen, festliche Liturgie mit Musik, Weihrauch, Karfreitags-, Palm-, Flur-, Bitt-, Lichter- und Reliquienprozessionen, Wallfahrten und Andachten alle Sinne der Gläubigen ansprach, während die protestantische Kultur stärker die Wortverkündigung betonte.

Bei der Herausbildung und Pflege dieser spezifisch katholischen Kultur und Frömmigkeit spielte neben anderen Reformorden und den alten Orden die Gesellschaft Jesu eine wichtige Rolle. Sie sorgte für eine starke Durchdringung weiter Kreise mit dieser Frömmigkeit sowie für deren Verinnerlichung durch Volksmission und – besonders in den gebildeten Schichten – durch Gründung Marianischer Kongregationen. Nachdem die Societas Jesu 1563 am Römischen Kolleg die erste Kongregation gegründet hatte, nahm diese Art religiöser Laienvereinigungen einen großen Aufschwung. Schon im 17. Jahrhundert hatte die deutsche Assistenz etwa eine Million Sodalen (Mitglieder). Dabei wurden verschiedene Kongregationen für die unterschiedlichen Berufe und Stände geschaffen. Neben der Verpflichtung, täglich bestimmte Gebete zu verrichten, regelmäßig zu beichten und zu kommunizieren (d.h. am Abendmahl teilzunehmen), Maria und das Altarsakrament besonders zu verehren sowie die Nächstenliebe zu praktizieren, entwickelten sich regional spezifische Religionsübungen. So wurden z.B. im Münchener Raum sogenannte Meditationen eingeführt, die sich zu einer Art Kantate entwickelten. Dort verknüpfte man Predigt mit Meditation, Gebet, bildlichen Darstellungen, Gesang und Musik zu einer Einheit, betonte aber immer die enge Verbindung zum Gottesdienst. Außerdem schufen die Jesuiten spezielle Gesangbücher für Marianische Kongregationen. Diese enthielten Kirchenlieder in der Landessprache, die besonders gepflegt wurden.

Interessanterweise bestimmten die Satzungen zunächst, daß die in der katholischen Kirche damals so wichtigen feierlichen Gottesdienste mit Instrumentalmusik in den Jesuitenkirchen nicht gehalten werden sollten. Ähnlich wie Calvin, allerdings nicht so radikal, sah Ignatius diese Gottesdienste mit Instrumentalmusik als mit dem sakralen Charakter schwer vereinbar an. In dieser Hinsicht revidierte der Orden allerdings bald seine Einstellung, denn er sah, daß besonders in der südlichen Hälfte des Heiligen Römischen Reiches „festliche Kirchenmusik und Musikdarbietung überhaupt eine eminent apostolische Bedeutung hatten".

Trotzdem wandte sich der Orden sehr stark der Pflege des geistlichen Liedes und des Kirchenliedes in der Volkssprache zu, so daß das katholische Kirchenlied der Barockzeit weitgehend von Gesangbüchern der Jesuiten geprägt wurde. Nachdem das Kirchenlied in der Volkssprache von den Reformatoren besonders gefördert worden war und zur großen Popularität der neuen Lehre beigetragen hatte, fanden nun die Jesuiten durch Betonung des landessprachlichen Liedes und durch die Aufführungen von Schuldramen mit Musik großen Anklang. Während sich die katholischen Kirchenliederbücher im 16. Jahrhundert noch stark an lutherische Vorbilder anlehnten, bewirkten die Jesuiten im 17. Jahrhundert eine Blütezeit des eigenständigen *katholischen* deutschen Kirchenlieds. Zu den wichtigsten Jesuitengesangbüchern zählten der „Rittersporn" (1605) und „Paradeißvogel" (1613) des Ingolstädter Paters C. Vetter, das „Himmelsglöckchen" von P. Jacob Bidermann (1620), „Auserlesene katholische Kirchengesänge" (Köln 1623), mit Texten von Friedrich Spee, das 1637 von Pater Johann Heringsdorf in Köln veröffentlichte „Geistlich Psälterlein", das ebenfalls Liedtexte aus Spees „Trutz-nachtigall" sowie dessen „Güldenen Tugendbuch" enthielt, und schließlich das 1660 in Köln herausgebrachte „Himmlisch Palmgärtlein" von P. Wilhelm Nacatenus, das in niederländischer und französischer Sprache erschien. Auch im 18. Jahrhundert brachten die Jesuiten noch viele Gesangbücher heraus.

### 3. Die Ausbreitung von Jesuitenkollegien

Eine der wichtigsten Wirkungsstätten der Jesuiten wurden immer mehr die in den europäischen Städten nach und nach gegründeten Kollegien (Gymnasien), die den Unterricht nach dem von Ignatius vorgeschriebenen Gratuitätsprinzip grundsätzlich kostenlos erteilten. Dies war in der damaligen Zeit sonst nicht üblich. Wegen dieses Prinzips warteten die Jesuiten vor einer Neugründung ab, bis sie genügend Dotationen erhielten, damit deren Erträge den Unterhalt des Kollegs und den kostenlosen Unterricht sichern konnten. Die zur Armut verpflichteten Patres waren außerdem sehr kostengünstige, aber trotzdem äußerst motivierte, geistig hochstehende und bestens ausgebildete Lehrer. Heutige Verfechter zunehmender Privatisierung öffentlicher Aufgaben hätten ihre große Freude gehabt; denn hier entstanden Stiftungsschulen, die den Steuerzahler keinen Unterhalt kosteten und deren Unterricht trotzdem ohne Schulgeld erteilt wurde. Diese Art von Kollegien waren für Fürsten und Städte sehr attraktiv, so daß sie für deren Gründung tief in die Tasche griffen. Die Gründungsdotationen wurden durch die verschiedensten Spenden vergrößert. So gab es schon zu Zeiten von Ignatius eine wahre Gründungswelle für Jesuitenkollegien. Als erstes wurde dasjenige in Messina (Sizilien) 1548 gegründet, bald folgten ein Kolleg in Rom und weitere 17 Schulen in Italien noch zu Lebzeiten des Ordensgründers. In Spanien waren bis 1556 schon 18 und im Heiligen Römischen Reich bis 1619 immerhin 16 Kollegien entstanden. Die Gesellschaft Jesu errichtete jeweils auf dringenden Wunsch des Fürsten oder Fürstbischofs ein Kolleg, und zwar 1553 in Wien, 1556 in Ingolstadt, 1557 in

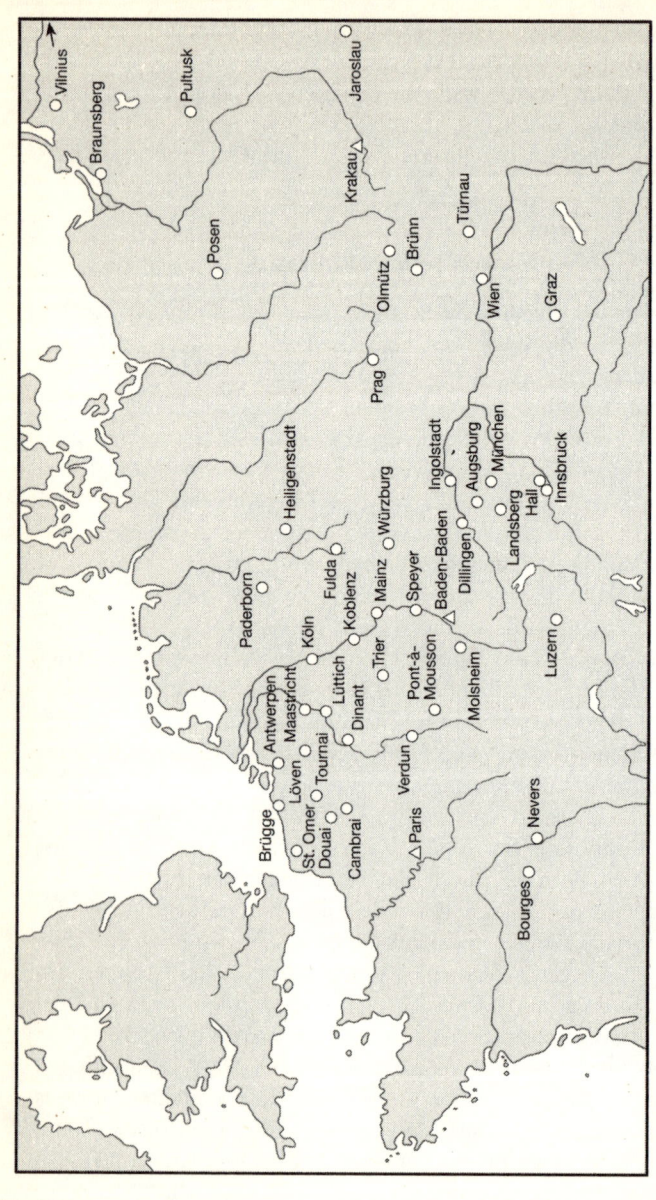

○ Residenzen und Kollegien, Gründungen 1540–1580          △ andere Niederlassungen, Gründungen 1540–1580

**Gründungen des Jesuitenordens 1540–1580**
(nach: E.W. Zeeden, Propyläen Geschichte Europas, Bd. 2, 1977, S. 375)

Vilnius
Braunsberg
Pultusk
Jaroslau
Posen
Krakau
Olmütz
Brünn
Türnau
Wien
Graz
Prag
Heiligenstadt
Ingolstadt
Augsburg
München
Innsbruck
Hall
Landsberg
Dillingen
Paderborn
Würzburg
Fulda
Mainz
Koblenz
Speyer
Baden-Baden
Köln
Trier
Lüttich
Pont-à-Mousson
Molsheim
Maastricht
Antwerpen
Dinant
Luzern
Löven
Tournai
Verdun
Brügge
St. Omer
Douai
Cambrai
Paris
Nevers
Bourges

36

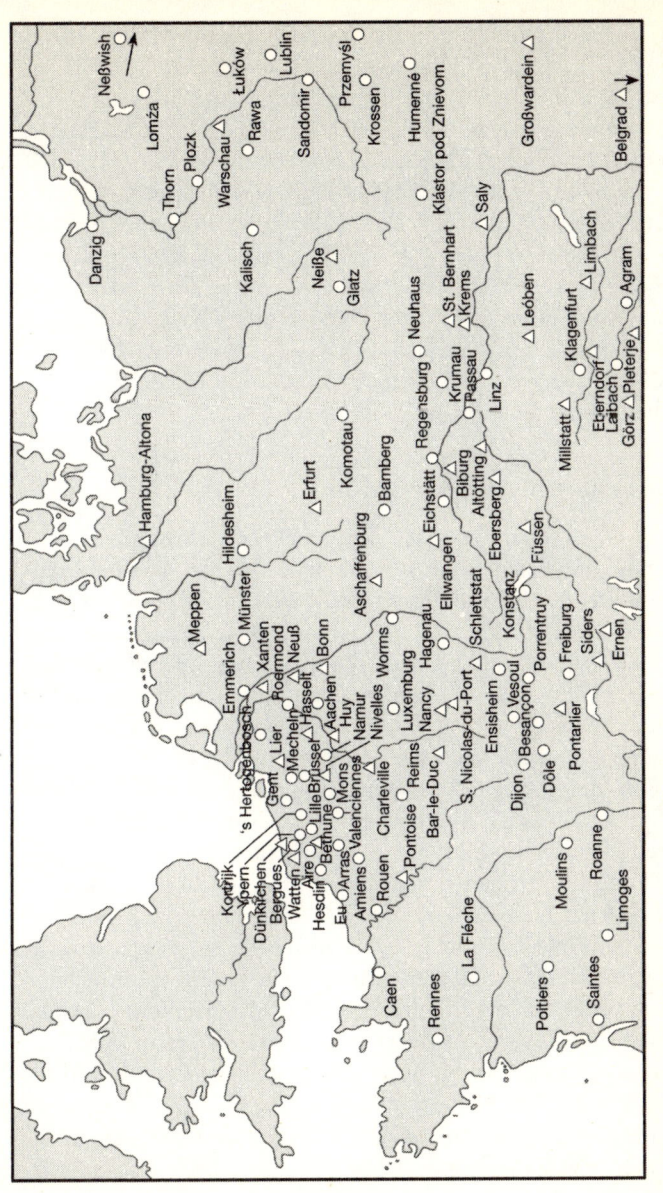

**Gründungen des Jesuitenordens 1581-1615**

(nach: E.W. Zeeden, Propyläen Geschichte Europas, Bd. 2, 1977, S. 375)

○ Residenzen und Kollegien, Gründungen 1581-1615     △ andere Niederlassungen, Gründungen 1581-1615

Köln, 1559 in München, 1561 in Trier und in Mainz, 1562 in Innsbruck, 1564 in Dillingen, 1576 in Würzburg, 1572 in Fulda, 1573 in Graz, 1582 in Augsburg, 1585 in Paderborn, 1588 in Münster, 1589 in Regensburg und 1619 in Eichstätt. Später kamen noch zahlreiche weitere hinzu.

In Frankreich gab es 1571 14 voll ausgebaute Kollegien, um 1600 bereits 20, 1608 schon 39, 1616 nochmals sieben mehr und 1626 immerhin 65 Kollegien, während in Italien die Zahl noch größer war. Insgesamt zählte der Orden 144 Kollegien im Jahre 1580 und 245 im Jahr 1599, davon gut 200 in Europa. 1608 erreichte deren Zahl weltweit 293, davon 28 in Übersee und 265 in Europa. 1626 lag die Gesamtzahl bereits bei 444.

## 4. Die Hofbeichtväter des Ordens

Da die Gesellschaft Jesu seit Ende des 16. Jahrhunderts zunehmend die Beichtväter für die katholischen Fürsten und Höfe stellte, konnten die Jesuiten bis weit ins 18. Jahrhundert hinein als Seelenführer und politisch-religiöse Berater der Fürsten eine große Rolle spielen, die allerdings überall seit der zweiten Hälfte des 17. Jahrhunderts abnahm. Diese Rolle wurde von den zeitgenössischen Protestanten, später den Aufklärern und diesen folgend von der kleindeutsch-protestantisch bestimmten Geschichtsschreibung bis ins 20. Jahrhundert hinein stark übertrieben. Als Beispiel des lange Zeit verbreiteten Negativbilds mag eine Passage aus der Reisebeschreibung des großen preußischen, protestantischen Aufklärers Friedrich Nicolai von 1781 (1785) dienen. Zur Münchner Mariensäule schreibt er: „Wir hielten diese als Kunstwerk höchst mittelmäßige Bildsäule für ein Denkmahl stumpfer Bigotterie und höchst verfehlter Politik ... Maximilian I. erster Kurfürst von Bayern, ein Herr von ausgezeichneten Talenten, tapfer und bieder, hatte, so wie fast alle deutschen katholischen Prinzen seines Zeitalters, das Unglück gehabt von Jesuiten erzogen zu werden. Diese hatten sich sehr früh, nach der ihnen eigenen, unnachahmlichen, aber abscheulichen Art

auf die Menschen zu wirken, seines Gemüths bemächtigt ...
Als ein Mann war er daher ihnen völlig ergeben, handelte
bloß durch ihren Einfluß, vergaß sich und sein Vaterland, so
wie es die Jesuiten ... verlangen. Er war, gerade so wie sie es
haben wollten, dem Orden blind ergeben, ein Stock in der
Hand dessen, der ihn führt." Dieses Urteil Nicolais, das letztlich von mangelnder Kenntnis und fehlender Toleranz zeugt,
ist aus heutiger Sicht und nach unserem Forschungsstand völlig überzogen. Trotzdem ist nicht zu leugnen, daß die Jesuiten
durchaus starken Einfluß auf die Politik katholischer Fürsten
und Könige in ganz Europa nehmen konnten. Dies gilt vor
allem für die erste Hälfte des 17. Jahrhunderts.

Ohne Zweifel war die Position eines Hofbeichtvaters pro-
blematisch, da zumindest in der Praxis in der frühen Neuzeit
politische und religiöse Fragen so stark verflochten waren,
daß eine strikte Trennung von Politik und Religion, Kirche
und Staat gar nicht möglich war. In der Gesellschaft Jesu sah
man durchaus die Probleme sowie auch die Gefahren für den
Orden und seine Ideale und diskutierte wiederholt darüber.
Als König Johann III. von Portugal 1552 als erster um einen
Jesuiten als ständigen Beichtvater bat, lehnte der Provinzial
ab, weil er meinte, eine solch gehobene Stellung am Hof sei
nicht mit den Satzungen (Verbot hoher kirchlicher Würden)
vereinbar und für die Ideale der Gesellschaft schädlich. Aber
zum Erstaunen der portugiesischen Jesuiten ordnete der Ordensgeneral Ignatius an, daß ein Pater der Gesellschaft Jesu
die Position des königlichen Beichtvaters annehmen solle,
denn so schrieb er: „Am Wohl des Hauptes nehmen alle Glieder des Leibes teil und am Wohl des Fürsten alle Untertanen,
und zwar auf diese Weise, daß man die geistliche Hilfe, die
man jenem gewährt, höher schätzen soll, als wenn man sie
anderen gewährte."

Trotz dieser Entscheidung ihres Gründers blieben auch weiterhin bei vielen Jesuiten Bedenken. Man sah die Gefahren,
die vom Hof und seinen Verlockungen ausgingen, und in der
Tat entstanden zunehmend Probleme, als immer mehr Jesuiten das Amt eines Hofbeichtvaters übernahmen. Auf Betrei-

ben der Oberdeutschen Provinz wurde diese Frage in der Versammlung der zweiten Generalkongregation 1565, auf der dritten 1575 und der vierten eingehend und kontrovers diskutiert. Die fünfte Generalkongregation bestimmte dann 1593/94 trotz mancher anderer Positionen, kein Jesuit solle sich „in der Fürsten öffentliche und weltliche Angelegenheiten, die sich auf die, wie man sagt, Staatsräson beziehen, aus irgendeinem Grunde einzumischen wagen". Schließlich dekretierte der Ordensgeneral Acquaviva 1602 die Instruktion „De Confessariis Principum" (Über die Beichtväter der Fürsten). Diese wurde 1608 von der sechsten Generalkongregation ratifiziert und somit zur offiziellen Position der Gesellschaft Jesu. Da man sich die Vorteile dieser Position bewahren, die Nachteile aber vermeiden wollte, legte man fest, die Hofbeichtväter sollten nicht am Hof selbst, sondern in Jesuitengemeinschaften leben und deren einfaches Leben führen. Die Weisung, sich nicht „in die auswärtigen und politischen Angelegenheiten" einzumischen, sondern nur auf das, „was das Gewissen des Fürsten betrifft" zu achten, war selbstverständlich wegen der oben erwähnten engen Verflechtung von Politik und Religion kaum realisierbar. Auch als die Siebte Ordenskongregation die Sachverhalte präzisierte und vorschrieb, der Beichtvater solle sogar den Anschein vermeiden, politische Macht auszuüben und dürfe keine Gunsterweise für andere erwirken, hatte dies in der Praxis nur sehr beschränkte Wirkung. So blieb der Beichtvater der Gesellschaft Jesu am Hof jeweils eine einflußreiche Persönlichkeit, die Zugang zum Fürsten hatte, der im Zeitalter des „Absolutismus" das Machtzentrum des Staates darstellte. Wie immer in solchen Fällen hing das Maß des tatsächlichen Einflusses der Beichtväter sowohl von ihrer Persönlichkeit als auch von der der jeweiligen Herrscher und deren Staatsmänner ab.

Als Beispiele sollen hier die Patres Adam Contzen – von 1624 bis zu seinem Tod 1635 Beichtvater Maximilians I. von Bayern, einer der zentralen katholischen Figuren des Dreißigjährigen Krieges – und Wilhelm Lamormaini kurz behandelt werden. Letzterer war von 1624 bis zum Tod des Kaisers

1637 Beichtvater Ferdinands II. Beide Jesuiten übten an den gegenreformatorischen Höfen ohne Zweifel einen bedeutenden Einfluß aus.

Contzen, geboren 1571 in Monschau südlich von Aachen, war Professor für Exegese an der Universität Mainz, hielt Vorlesungen in Kontroverstheologie, war Konsultor (wissenschaftlicher Berater) der Niederdeutschen Jesuitenprovinz und veröffentlichte zahlreiche Bücher, die meist gegen Protestanten, vor allem gegen die Kalvinisten, gerichtet waren. Als sein wichtigstes Werk gilt sein Entwurf eines gegenreformatorischen Staats „Libri Decem Politicorum" (Mainz 1620/21). Er zeigte dort im Widerspruch zu Machiavelli, daß politischer Gestaltungswille und Erfolg durchaus mit christlicher Lebensweise zu vereinbaren seien. Da dies den Auffassungen und Zielen des tiefreligiösen Maximilian I. von Bayern entsprach und dieser deshalb das Buch des Theologieprofessors schätzte, bestellte er Contzen 1623 zu seinem Beichtvater. Nach Genehmigung des Ordensoberen Muzio Vitelleschi traf der Jesuit in München ein und erhielt die Aufgabe, jeden Tag die Messe für den Kurfürsten zu lesen und ihm wöchentlich die Beichte abzunehmen. Gleichzeitig wurde er Berater der Regierung, selbstverständlich ohne offizielles Amt. Contzen war, wie Bireley unterstreicht, „eine starke Persönlichkeit und geriet mit anderen Jesuiten in München und auch mit Mitgliedern des Geheimen Rates in Konflikt", so z. B. mit dem wichtigsten Juristen Maximilians Wilhelm Jocher.

Ebenso wie Contzen war auch der im Luxemburgischen geborene Lamormaini eine ausgeprägte Persönlichkeit. Er studierte in Prag, trat in Brünn in die Gesellschaft Jesu ein, studierte in Wien, kam als Universitätsprofessor nach Graz, wurde dort von 1613 bis 1621 Rektor der Jesuitenuniversität und freundete sich mit dem damaligen Erzherzog Ferdinand an, der Innerösterreich rekatholisierte. Während Lamormaini 1622 zum Rektor des Jesuitenkollegs in Wien ernannt wurde, war Ferdinand schon 1619 zum Kaiser gewählt und gekrönt worden. So ist es nicht erstaunlich, daß Ferdinand II. nach dem Tod seines Beichtvaters Martin Becan seinen Freund

Lamormaini als Nachfolger wünschte. Vitelleschi stimmte der Berufung allerdings erst nach einigem Zögern zu. Der neue Beichtvater wurde sehr schnell zu einer öffentlichen Persönlichkeit, der eine eigenständige politische Korrespondenz führte und bald in die Streitigkeiten der politischen Parteiungen in Wien verstrickt wurde. Dabei vertrat er auch recht aggressiv jesuitische Interessen und betrieb die Ausdehnung des Einflusses der Gesellschaft auf die Universitäten der Habsburger Territorien.

Angesichts der starken Persönlichkeiten und der einflußreichen Positionen wurden Contzen und Lamormaini natürlich in politische Verwicklungen hineingezogen, zumal sie beide während des Dreißigjährigen Krieges zu den konfessionellen Heißspornen, heute würde man sagen zu den Falken, gehörten. Sie spielten als Berater ihrer Fürsten und Befürworter des Restitutionsedikts eine große Rolle. Mit dem Erlaß dieses Edikts brachte Ferdinand II. die Protestanten gegen sich auf und leitete den Beginn protestantischer antihabsburgischer Kriegserfolge ein. Das Edikt wurde später sogar von den gemäßigten Nachfolgern der beiden Beichtväter negativ beurteilt.

Andere einflußreiche Beichtväter waren P. Nikolaus Staudacher (1660–1736) am Hof Kurfürst Karl Philipps (1716–1742) in Mannheim oder besonders P. Johann Reinhard Ziegler (1569–1636), Mathematik- und Philosophieprofessor, der Hofbeichtvater von drei Mainzer Kurfürsten und Reichserzkanzlern war. Er war nicht nur der Beichtvater des „zweiten Mannes im Reich", sondern auch politischer Berater bei den Reichstagen und „Sondergesandter in schwierigen diplomatischen Missionen" (M. Müller, Jesuiten). So betrieb er u. a. intensiv die Übertragung der pfälzischen Kur an Maximilian I. von Bayern. Erwähnt seien auch die Beichtväter der bourbonischen Könige in Versailles, die Patres Coton, de La Chaize und Le Tellier.

# IV. Die Weltmission der Jesuiten

Die Mission in den fernen Kontinenten zählte von Anfang an zu den wichtigsten Aufgaben und Tätigkeiten der Gesellschaft Jesu. Deshalb wurden schon in der Zeit des Ordensgründers die ersten Jesuitenmissionare nach Asien, Afrika und Amerika gesandt. Angesichts der damaligen Verkehrsmittel bedeutete dies für die Patres und Fratres, monate- und jahrelange mühsame, entbehrungsreiche Reisen zu Wasser und zu Land auf sich zu nehmen und immer der Todesgefahr ausgesetzt zu sein. Viele Missionare sind während der Fahrt nach Übersee bei Stürmen und Unwettern umgekommen. So ertrank 1717 der Straubinger Pater Franz Pertl mit 40 anderen Jesuitenmissionaren auf der Überfahrt von Cádiz in Spanien nach Neu-Granada (heute Venezuela) bei einem Sturm. Nicht wenige Ordensbrüder erkrankten wegen der ungenügenden hygienischen Verhältnisse und der vitaminarmen Nahrung auf den Schiffen; Seekrankheit, aber auch Epidemien und ansteckende Krankheiten waren keine Seltenheit und rafften viele hinweg. Andere hielten die lange Überfahrt oder die Einsamkeit in völlig fremden Welten unter ganz anderen Menschen psychisch nicht durch. Wieder andere wurden als ungebetene Fremdlinge getötet.

Trotzdem wirkten Tausende von europäischen Missionaren oft jahrzehntelang mit viel Engagement, Tatkraft und Gottvertrauen in den verschiedensten Ländern. Diese Männer stammten aus sehr unterschiedlichen sozialen Schichten, oft aus dem Adel oder Bürgertum. Die Adligen legten allerdings, wie im Orden üblich, ihren Adelstitel ab. So wirkten z.B. der aus kleinem Südtiroler Adel kommende Pater Sepp im „Jesuitenstaat", der aus gräflichem Hause stammende Pater Haimhausen in Chile oder der Handwerkersohn Ignaz Kögler in Peking. Im allgemeinen kehrten sie nie mehr in ihre ferne Heimat zurück, mit der sie allerdings durch Briefe in Kontakt blieben. Ihre Korrespondenzen sorgten u.a. dafür, daß in Europa bei den Gläubigen das Bewußtsein von der Einheit der

Weltkirche gegenwärtig blieb und daß man von der Heimat aus durch Geldspenden und Materiallieferungen die Missionsarbeit unterstützte. Gleichzeitig bewirkten die Briefe und Berichte von fernen Welten und Missionserfolgen, daß sich immer wieder neue junge Männer bereit fanden, in den Orden einzutreten und in die Mission zu gehen.

Die Jesuiten waren in den verschiedenen Ländern bei der Bekehrung der Bewohner mehr oder weniger erfolgreich, eigneten sich jedoch wegen ihrer Flexibilität, Mobilität und Anpassungsfähigkeit (Akkommodationsmethode) besonders gut für die Missionstätigkeit. Vor dem eigentlichen Einsatz lernten die Patres jeweils die Sprache der zu Missionierenden oder zu Betreuenden. Aber sie widmeten sich nicht nur dem Sprachenstudium, sondern beschäftigten sich auch intensiv mit der Kultur und Religion ihrer zukünftigen Schützlinge, um zu sehen, wo man am besten mit der Verkündigung des Evangeliums anknüpfen könne. So ersetzte man z. B. die von den Indianern verehrte Mutter Erde durch die Mutter Gottes Maria und erleichterte auf diese Weise den Indios die Übernahme des katholischen Glaubens. Wirkten die Jesuiten in Hochkulturgebieten wie in China, Japan oder Indien, so übernahmen sie vielfach die Kleidung des Gastlandes, um sich besser anzupassen und dadurch leichter von der dortigen Gesellschaft bzw. den jeweiligen Schichten, Klassen oder Kasten angenommen zu werden.

Für diese Akkommodationsmethode erwies es sich als sehr vorteilhaft, daß in der Societas Jesu kein spezielles Ordensgewand vorgeschrieben war. So konnten sich die Missionare, wenn sie es für ihre Mission für günstig hielten, wie Brahmanen oder Parias in Indien, wie buddhistische Mönche oder chinesische Mandarine (mit Chinesenhut und Zopf) kleiden. Auf diese Weise wurden sie von der Bevölkerung ohne Zweifel besser akzeptiert. Neben Sprachkenntnissen waren auch erhebliche Kenntnisse und Fähigkeiten in weltlichen oder wissenschaftlichen Bereichen nötig, um den dauerhaften Kontakt zu pflegen.

Von Anfang an zogen Jesuiten in die fremdem Kontinente, um dort die Botschaft Jesu Christi zu verkünden. In Afrika, wo Patres 1548 im Kongo ankamen und 1556 den Negus in Äthiopien aufsuchten, hatten sie allerdings zunächst wenig Erfolg. Anders sah es in Asien und Amerika aus.

## 1. Nordamerika

Da der südliche Teil Nordamerikas, d.h. Florida, Texas, Arizona, Kalifornien u. a. Gebiete, damals noch von Spanien beherrscht wurde, verlief dort die Mission im allgemeinen und die der Jesuiten im besonderen wie im übrigen Lateinamerika. Darüber wird später zu sprechen sein. Während in den von den protestantischen Kolonialmächten Großbritannien und den Niederlanden regierten Teilen Nordamerikas keine katholische Mission stattfinden konnte, konzentrierte sich diese auf Französisch-Nordamerika („Nouvelle France"). Da dort nur wenige Siedler lebten und die Franzosen vor allem Biberpelzhandel trieben, waren sie auf die Mitwirkung und die Partnerschaft der Ureinwohner als Jäger angewiesen. Deshalb gab es weniger Konflikte mit den Indianern als in den englischen Gebieten. Von den Franzosen wurden für die Mission zunächst Franziskaner, ab 1625 vor allem Jesuiten zugelassen und eingesetzt, die seit Mitte des 17. Jahrhunderts praktisch eine Monopolstellung errangen. Das jesuitische Hauptquartier befand sich meist in Quebec. Dort errichtete man ein Priesterseminar zur Missionarsausbildung und eine Schule für Indianer.

Die Jesuiten unterhielten mit den Indios, deren Sprache sie erlernten und denen sie sich unter Anpassung der Lebensweise anschlossen, gute und partnerschaftliche Beziehungen. Dies galt besonders für die Huronenmission. Während nämlich die anderen Stämme im Gebiet des heutigen Kanada meist Nomaden waren, führten die Huronen das Leben von Ackerbauern. Deshalb galten sie als leichter missionierbar. Bis 1640 bauten die Jesuitenmissionare in deren Gebiet fünf Kirchen. Ab 1658 versuchten sie auch die als kriegerisch geltenden Irokesen und andere Stämme zu missionieren.

Zu diesem Zweck mußten sich die französischen Patres den nomadisierenden Indianern, mit denen sie herumzogen, weitgehend anpassen und ein sehr einfaches, entbehrungsreiches Leben, ständig unter Lebensgefahr, führen. Dabei galt als wichtigste Voraussetzung einer solchen Begleitung der Indianer, deren Sprache zu erlernen. So verbrachte z. B. Pater Brébeuf 1625 den Winter bei den Montagnais-Indianern und erarbeitete eine Grammatik ihrer Sprache. Später stellte er auch eine Grammatik der Huronensprache zusammen. Bald übersetzten Jesuiten den Katechismus in die Sprache der Eingeborenen. Es war jedoch schwierig, sich wirklich zu verständigen, christliche Glaubensvorstellungen zu vermitteln und den Indianern in ihrer völlig anderen Kultur und Tradition abstrakte Begriffe wie Schuld, Sünde oder Gnade zu vermitteln. Da die Missionare die Kinder nicht aus ihrer indianischen Umwelt herauslösen und den Eltern entziehen wollten, war eine Inkulturation, d. h. europäische Erziehung und damit die Assimilierung unmöglich. So blieben trotz der „redlichen, selbstlosen und hochherzigen Bemühungen vieler französischer Missionare" (Bitterli) deren Resultate sehr beschränkt. Es gab nur vereinzelte Erfolge, wie z. B. die irokesische Heilige Chathérine Tekakouita oder den Huronenhäuptling Joseph Chihouatenhoua, die ihr Christentum verinnerlichten. Zwischen 1633 und 1672 empfingen 16 000 Indianer die Taufe. Die meisten Bekehrten waren Kinder und Frauen, selten Männer. Da die Missionierung ohne Zwang und nahezu ohne Einwirken der ohnehin schwachen französischen Kolonialmacht geschah, handelte es sich um ein Verhältnis zwischen Patres und Eingeborenen, bei dem die Indios sich durchaus als gleichberechtigte Partner sehen konnten.

Die geringen Missionierungserfolge der Jesuiten in Kanada wurden im 18. Jahrhundert durch Streitereien mit den Franziskanern, den Pelztierjägern sowie kirchlichen und politischen Obrigkeiten noch weiter geschmälert. Als 1763 Kanada englisch wurde, durften keine Jesuiten mehr aus Frankreich nachrücken. Immerhin konnten die schon in Kanada lebenden sogar nach der Ordensaufhebung 1773 weiterhin bei den Indianern wirken.

## 2. Lateinamerika

Als Spanien und Portugal seit den Entdeckungen von Christoph Kolumbus 1492 daran gingen, mit der Zeit ganz Süd- und Mittelamerika sowie den südlichen Teil Nordamerikas zu erobern, zu vereinnahmen und zu besetzen, diente diesen beiden katholischen Staaten das „Patronat", d.h. der Missionsauftrag des Papstes, als formale Legitimation der ungeheuren Erweiterung ihres Machtbereiches. Die Besetzung und Unterwerfung dieser riesigen Gebiete führte zu einem Kulturschock bei den Indianern, zur Unterdrückung und Ausrottung vieler Ureinwohner. Die Zahl der Toten wird in der Literatur recht unterschiedlich angegeben. Nimmt man wie Denevan ca. 57,3 Millionen an, so starb davon mindestens ein Drittel wegen der Immunschwäche, die die Indianer an Erkältung, Schnupfen, Masern, Mumps usw. wie die Fliegen wegsterben ließ. Ein großer Teil der Indiobevölkerung hielt die harte Arbeit in Bergwerken oder in Plantagen weder physisch noch psychisch aus. So wurde letztlich nur der kleinere Teil der ursprünglichen Bewohner Lateinamerikas durch Waffengewalt getötet, viele sogar durch Kämpfe der Indios untereinander.

Im Prinzip hatten die Päpste sich schon sehr früh für die Rechte der Indios und ihre Anerkennung als Menschen und gleichberechtigte Christen eingesetzt. Aber ihr Einfluß war im fernen Amerika gering, da die Kirche dort wegen des Patronats der Monarchen völlig von den Königen beherrscht wurde. Diese setzten ihnen genehme Bischöfe ein und sorgten dafür, daß die Kirche möglichst ihre Interessen und die der Siedler vertrat. Deshalb wurden die Indios trotz aller päpstlichen Breven und trotz der ihnen durch die spanischen Könige zugestandenen Untertanenrechte unterdrückt und versklavt. Als Verteidiger der einheimischen Bevölkerung wirkten allerdings verschiedene Ordenspriester, etwa der Dominikaner Las Casas oder auch viele Jesuiten. Diese begannen ihre Missionsarbeit auf diesem Kontinent noch in den vierziger Jahren des 16. Jahrhunderts. So kamen erste Patres 1549 nach Brasilien, 1566 zu den Indianern von Florida, 1567 nach Peru. 1572 übernahmen Jesuiten Missionsstationen in Mexiko, 1646 auf den Antillen und in Mittelamerika, 1697 in Kalifornien. Für den internationalen Orden gab es Probleme, da Spanien und Portugal bis ins späte 17. Jahrhundert hinein ausschließlich Jesuiten zuließen, die Spanier bzw. Portugiesen waren. Erst in den letzten Jahrzehnten des 17. Jahrhunderts hoben Spanien und Portugal diese Einschränkungen nach und nach auf, so daß in ihren Kolonien u.a. immer mehr Deutsche tätig wurden, wie z.B. der bayerische Pater Haimhausen, der im 18. Jahrhundert die Niederlassung von „Calera de Tango" gründete, ein großes Zentrum bei Santiago de Chile mit Dutzenden von Künstlern und Handwerkern aus Bayern, Franken und Schwaben. Im „Jesuitenstaat" wirkten von 1700 bis 1767 etwa 120 deutschsprachige Jesuiten. Allein im damaligen Mexiko zählt Hausberger 93 Jesuiten aus dem mitteleuropäischen Raum. An jesuitischen Expeditionen nach Mexiko nahmen demnach 313 mitteleuropäische Jesuiten teil.

Die Indianermission wurde im allgemeinen in sogenannten Reduktionen, d.h. Indianerdörfern, in denen die Einheimischen isoliert von den Weißen unter Leitung von Jesuitenpatres lebten, betrieben. Da es etwa in Nordmexiko und Südkalifornien laufend zu blutigen Konflikten zwischen Europäern und Indios kam, war die Mission in Reduktionen, die in Gebieten mit weißer Bevölkerung lagen, viel weniger erfolgreich als im isolierten „Jesuitenstaat".

Wesentlich beteiligt an der Schaffung der Indianerreduktionen war P. José de Acosta (1540–1600), Sohn einer Conversos-Familie (konvertierte Juden), dem nach sehr erfolgreichen Studien und nach der Priesterweihe 1566 endlich 1571 der Wunsch erfüllt wurde, in die Mission zu gehen. Er kam 1572 in Lima an und sammelte in Peru bei verschiedenen Tätigkeiten und Reisen viele Kenntnisse über Land und Leute, unternahm mehrere Visitationsreisen, war Rektor des Kollegs von Lima und wurde 1576 Provinzial der 1568 gegründeten peruanischen Ordensprovinz. In dieser Funktion organisierte er Versammlungen zur Lösung der Probleme der Indianermission. Neben einem romanesken Reisebericht, der zur hispanoamerikanischen Erzählkunst gehört, und einer vergleichenden Ethnologie (Historia natural y moral de las Indias, 1590) erwies er sich mit seinem Werk „De procuranda Indorum salute" (Über das Wohl der Indianer) von 1588 als der erste große Missionstheoretiker der Neuzeit. Er entwickelte nämlich eine „neue Methode der Evangelisierung" des Kontinents, die auf die Mentalität der Indios und deren Umwelt Rücksicht nehmen sollte. Gleichzeitig wandte er sich gegen die Unkenntnis, Habsucht, die Zwangsmaßnahmen und die Gewalt, mit denen die europäischen Eroberer gegen die Indianer vorgingen, die der Missionsarbeit und ihren verkündeten Idealen zuwiderliefen. Er versuchte, eine „verstehende Methode" zu entwickeln und die „Inkulturation des Christentums" in dieser indianisch-amerikanischen Welt zu betreiben und über sie kritisch nachzudenken.

Die meisten Indios konnten die Jesuiten in den von ihnen geleiteten Guarani-Reduktionen in Paraguay missionieren, wo sie ein autonomes Gebiet betreuen durften, in dem die Indios vor den Verfolgungen der Sklavenjäger geschützt waren.

## 3. Der „Jesuitenstaat" in Paraguay (1609–1768)

Der sogenannte Jesuitenstaat in Südamerika, eine nicht nur das heutige Paraguay, sondern auch Uruguay, Teile Argentiniens und Brasiliens umfassende autonome Region der Jesuitenmission, die dem spanischen König und dem Vizekönig von Peru direkt unterstand, wird in der Forschungsliteratur unterschiedlich bewertet. Die Urteile über dieses interessante Experiment reichen von einer überschwenglichen Verherrlichung eines Wirklichkeit gewordenen Idealstaats, der im Sozial- und Rechtswesen seiner Zeit um 200 Jahre voraus und „das Modell einer Demokratie" gewesen sei, bis zur völligen Verurteilung als „ein kapitalistischer Staat" mit „Zwangsarbeit" und Rechtlosigkeit der indianischen Bevölkerung.

Auch zu Zeiten seines Bestehens hat das durch die Vertreibung der Jesuiten 1768 beendete Experiment bei unzähligen Autoren großes Interesse erregt. Im Laufe der zeitgenössi-

Der „Jesuitenstaat" in Paraguay
und die anderen Jesuitenmissionen in Südamerika

schen wie der späteren Diskussionen, Auseinandersetzungen und Wertungen hat man in dieses Gemeinwesen sehr viel hinein interpretiert. Für einige war es die Verwirklichung der „Politeia" Platons, der „Utopia" des Thomas Morus oder der „Civitas solis" von Campanella, für andere das Experiment eines christlichen Kommunismus, einer sozialistischen Theokratie oder der Wiedereinführung urchristlichen Gemeineigentums. Handelte es sich hier um eine christliche Alternative zum Kolonialismus mit seinen Unterdrückungs- und Ausbeutungsmechanismen und gleichzeitig zum Kommunismus marxistisch-leninistischer Prägung, wie heute verschiedene Autoren meinen?

Die Situation der Indios war trotz der relativ wohlwollend formulierten „Nuevas Leyes de Indias" (Neue Indianergesetze von 1542) des spanischen Königs und der verschiedenen päpstlichen Breven und Erklärungen zum Schutz und zur Verteidigung der Urbevölkerung in der Praxis sehr schlecht. Dadurch wurde letztlich auch die Missionsarbeit stark beeinträchtigt, und die Wandermission blieb bei den halbnomadischen Indios weitgehend erfolglos. Dies änderte sich erst, als man begann, sie möglichst freiwillig in festen Dörfern anzusiedeln. Besonders erfolgreich waren dabei die Jesuiten, welche ihre Reduktionen u.a. im Grenzgebiet zum portugiesischen Brasilien errichteten, das dem spanischen König direkt unterstand und dem Kommendensystem mit seiner Leibeigenschaft entzogen werden konnte. Statt schwieriger militärischer Unterwerfung setzte man dabei auf die „Conquista espiritual", die geistige Eroberung durch Missionierung.

Es gelang, die Indianer durch die Ansiedlung in eigenen Missionsdörfern vor der Unterdrückung in den Encomiendas zu bewahren. In diesen Besitzungen von spanischen Siedlern, denen die Indianer zwangsweise zugewiesen wurden, damit sie dort beschützt und betreut würden, waren diese nämlich in der Praxis im allgemeinen unterdrückt und versklavt worden. Die Jesuiten hielten außerdem Fremde von den Reduktionen fern. Auf diese Weise konnte man die Voraussetzungen für eine dauerhafte Christianisierung, Ausbildung und Anpassung der dort ansässigen, vorher halbnomadisch lebenden Guaranibevölkerung an die europäische Zivilisation schaffen. Aus den Quellen geht hervor, daß für die Jesuiten in erster Linie die Mission und erst in zweiter die Errichtung einer idealen gesellschaftlichen und wirtschaftlichen Ordnung wichtig war. Allerdings schien ihnen ohne Sorge um das materielle Wohl ihrer Schützlinge eine dauerhafte und intensive Christianisierung nicht möglich. Deshalb wurde für diese Reduktionen die enge Verknüpfung von Kult-, Sozial- und Wirtschaftsgemeinschaft charakteristisch. Dabei paßten sich die Jesuiten ihrerseits an die Mentalität, die Sitten, Fähigkeiten und Bedürfnisse der Indianer wahrscheinlich in Anlehnung an Strukturen des früheren Inkastaates an. So entstanden mit der Zeit, ausgehend von Gründungen des frühen 17. Jahrhunderts, ca. 30 Guaranireduktionen. Diese entwickelten sich allmählich zu planmäßig gebauten, auf die zentral gelegene Kirche ausgerichteten Landstädten, in denen 100 000 bis 120 000 Indianer als Untertanen des spanischen Königs lebten, die bald zur Verteidigung gegen Sklavenjäger und feindliche Stämme mit Feuerwaffen ausgerüstet wurden. Die weitgehend autarken Stadtrepubliken unterstanden dem Jesuitenprovinzial und wurden einheitlich vom Superior des Ordens überwacht. Jede Reduktion hatte eine indianische Selbstverwaltung, wurde jedoch in der Praxis von je einem oder zwei Patres in einem paternalistischen System geleitet. Es bleibt ein faszinierendes Phänomen, daß es etwa 60 Jesuitenpatres gelang, dies über Generationen hinweg ohne einen einzigen weißen Polizisten oder Soldaten zu tun. Zu erklären ist dies nur aus der ganz eigenen Verknüpfung von Religion, Sozial- und Wirtschaftsordnung, mit nur mildem Zwang, viel Freiwilligkeit, Ansporn und Belohnung und durch die Einbindung des täglichen Lebens in den Kult, wodurch die Patres eine überhöhte, unangreifbare Stellung gegenüber den anderen Bewohnern der Städte erhielten.

Allerdings war dies auch nur möglich, weil es sich hier um hochgebildete, vielseitige Ordensleute handelte, die angesichts ihrer Gelübde (Keuschheit, Armut, Gehorsam) als persönlich anspruchslose Zölibatäre ihren Idealismus und ihr Leben ganz in den Dienst der Sache stellten. Die Wirtschaftsstruktur und -ordnung mit Ausgabe gleicher Anteile von Land zur Bebauung, mit Gemeinschaftseigentum, Naturalwirtschaft, gemeinschaftlichen Gewerbebetrieben und einem von den Patres kontrollierten Handel war kombiniert mit weitgehender sozialer Gleichheit, allgemeiner Versorgung mit Lebensmitteln und großenteils einheitlicher Kleidung. Medizinische Versorgung, Arzneien, Krankenpflege, Schulunterricht für praktisch alle Kinder, Musikunterricht und Festvorführungen waren kostenlos. So wurde hier eine Gesellschaft geschaffen, bei der es im Gegensatz zur damaligen weitverbreiteten Armut keine Bettler gab.

Neben dieser sozialen Absicherung war auch die Rechtsordnung für die Zeit ungewöhnlich. Es gab nämlich weder Todesstrafe, noch Folter oder Hexenverbrennungen, Strafen, die sonst überall in Lateinamerika und Europa üblich waren. Mörder kamen lebenslänglich ins Gefängnis, in der Praxis aber nur für zehn bis fünfzehn Jahre. Man arbeitete viel mit Lob und kleinen Belohnungen. Als Strafen setzte man Verweise, Gebete und Fastenbußen sowie Arrest und Prügelstrafe ein. Diese wurde allerdings – wie auch an den Jesuitenkollegien üblich – in maßvoller Weise und hier von den indianischen Amtsträgern unter Aufsicht der Patres vollzogen. Auch wenn manche Kultfunktionen der Frauen mit der Christianisierung wegfielen, so wurde ihre Stellung letztlich doch durch die Einführung der Einehe und durch soziale Absicherung (Witwen- und Waisenhaus) gehoben. Die Zahlen der Schüler, die gemeinsam verköstigt wurden, waren für europäische Verhältnisse recht hoch. Während das tägliche Leben der Indios von Kult und Religion geprägt war, wurde auch die Musik besonders gepflegt, für welche die Indianer eine große Begabung mitbrachten. Das gleiche gilt für die handwerklichen und künstlerischen Fähigkeiten und Fertigkeiten, die von den Patres systematisch gefördert wurden. So entstanden nicht nur herrliche barocke Kirchen nach spanischen, italienischen, österreichisch-bayerischen Vorbildern mit starkem indianischen Einschlag, sondern auch zahlreiche Gewerbebetriebe wie Werften, Wagenmanufakturen, Ziegelbrennereien, Glockengießereien, die neben den gemeinschaftlich angebauten Obst-, Baumwoll-, Matekulturen den „Jesuitenstaat" zum damals weitestentwikkelten Gebiet ganz Südamerikas machten.

Dieser Befund der Wirtschaftshistoriker ist um so erstaunlicher, da die Indios im „Jesuitenstaat" viel weniger als sonst üblich arbeiten mußten. Die Patres hatten nämlich erkannt, daß ihre „Schützlinge" weder physisch noch psychisch in der Lage waren, so lange wie europäische Tagelöhner oder gar Sklaven aus Afrika harte Arbeit zu leisten. Dieser Umstand bildete ja neben der Anfälligkeit für Krankheiten eine der wesentlichen Ursachen dafür, daß in Lateinamerika so viele Indios massenweise hinwegstarben, die rücksichtslos von früh bis spät abends in den Plantagen und Bergwerken eingesetzt und mit Gewalt zur Arbeit angetrieben wurden. In den Jesuitendörfern galt deshalb der Sechs- bis Achtstundentag, während überall sonst in Europa und Amerika zwölf bis vierzehn Stunden am Tag gearbeitet werden mußte. Um die Indios zu motivieren, setzten die Patres systematisch bei den gemeinsamen Aktivitäten Musik ein. So berichtet Pater Anton Sepp: „Weilen sie [die Indianer] der Trommel und Pfeiffen sehr zugethan und ergeben seynd, so offt ein harte und schwäre Arbeit sich ereignet, laß ich ihnen dazu die Trommel schlagen, und die Pfeiffen blasen, also, daß, wenn ein schwäre dicke Säul in der über die massen hohen Kirchen auffzustellen, solches unter dem lustigen Trommel- und Pfeiffenwirbel geschehen muß."

Die unklare Haltung der Jesuiten im Guaranikrieg (1756/57) gegen die Kolonialmächte Portugal und Spanien, wo man besonders die deutschsprachigen Patres verdächtigte, mit „ihren" Indios unter einer Decke zu stecken, und die zunehmende Gegnerschaft vieler Kräfte läuteten das baldige Ende des Experiments ein: Denn die Siedler, denen zahlreiche Indianer entzogen wurden, die nicht als billige Arbeiter in das System der Versklavung gepreßt werden konnten, die Kaufleute, die Konkurrenz sahen, kirchliche Autoritäten, denen die Reduktionen keinen Zehnt zahlten und zu unabhängig waren, und staatliche Stellen, denen die Jesuiten zu mächtig wurden, ferner Aufklärer und Freimaurer, die in den Jesuiten das wichtigste Bollwerk der Kirche sahen, sie alle erstrebten die Beseitigung des „Jesuitenstaates". So wurde dieses autonome Gebiet, das nicht in die aufgeklärt absolutistisch geprägte Staatsform paßte, vom spanischen König im Namen der Staatsräson den Jesuiten entzogen. Diese wurden wie alle anderen Mitbrüder in Lateinamerika 1767/68 gefangengesetzt und schließlich unter großen Verlusten nach Europa deportiert. Die von spanischen Kolonialbeamten übernommenen Reduktionen erlebten in der Folgezeit einen langsamen Niedergang und wurden im 19. Jahrhundert weitgehend zerstört.

Aus heutiger Sicht kann berechtigte Kritik am ausgeprägten Paternalismus des Systems, der keine ausreichenden indianischen Führungsschichten hervorbrachte, und an der Nichtausbildung eines einheimischen Priesternachwuchses geübt werden. Positiv zu bewerten sind die Erhaltung der Indianerpopulation – bei sonstigem rapiden Bevölkerungsschwund in Amerika – sowie die Schaffung eines Sozial- und Wirtschaftssystems mit mildem Rechtswesen, das offensichtlich der Mentalität der Indianer entgegenkam, und trotzdem bei sozialer Absicherung aller wirtschaftlich sehr effizient war. So spricht doch vieles dafür, daß man hier von einem faszinierenden religiösen, sozialen und wirtschaftspolitischen Experiment der Jesuiten sprechen kann, das eine christliche Alternative zum Kolonialsystem mit seiner Unterdrückung, Ausbeutung und Ausrottung der Indios darstellte.

## 4. Asien

Die Verkündigung des Wortes Gottes in Asien gehörte zu den frühesten Tätigkeiten der 1540 gegründeten Societas Jesu. Schon zwei Jahre später landete Franz Xaver (1505–1552), einer der Weggefährten des Ignatius an der Sorbonne, in Indien. Er missionierte dort Perlenfischer und gründete in Goa ein Seelsorgezentrum. Der junge Pater zog später zu den Molukken und landete 1549 im japanischen Kagoshima (Kyushu). Beeindruckt von der hohen Kultur und der ausgeprägten Moral der Japaner, versuchte er, seine Gesprächspartner mit Uhren, Brillen und Flinten aus Europa zu begeistern und ihnen angesichts seiner noch recht geringen Sprachkenntnisse mühsam die christliche Botschaft zu verkünden. Dabei führte er mit buddhistischen Bonzen japanischer Zenklöster freundschaftliche Gespräche.

Franz Xaver riß mit seinem Engagement und seinen begeisternden Berichten viele Ordensbrüder mit und veranlaßte sie, sich der Mission in Asien zu verschreiben. Er gründete in Indien die erste Ordensprovinz in Fernost. Dort wirkten seit 1554 die Patres Valignano, seit 1604 Roberto de Nobili, J. de Bitto u. a. Es gab dort Patres, die sich wie Brahmanen kleideten und bei diesen lebten, andere, die wie „Parias" aussehend, sich um diese unterste Kaste kümmerten. Gleichzeitig missionierten die Jesuiten auf den Philipppinen, einem heute zu mehr als 80% katholischen Land, ferner seit 1613 in Cochinchina und Tonking, seit 1685 in Siam, ferner in Japan und China.

Einen großen Aufschwung nahm zunächst die von Franz Xaver begonnene Glaubensverkündigung in Japan, wo man bald Einheimische in den Orden aufnahm. Im Jahr 1593 soll es dort bereits 217 000 Katholiken gegeben haben, die in 207 Kirchen von 151 Jesuiten betreut wurden. Katholische Fürsten des Landes schickten schon 1582 eine aufsehenerregende Gesandtschaft zum Papst. 1596 betreute der erste Bischof für Japan bis zu 300 000 Gläubige. Das Wirken von europäischen Kaufleuten aus Portugal, Spanien, Holland und England ließ jedoch Mißtrauen aufkommen und nährte den von einheimischen, dem Christentum feindlich eingestellten Kreisen, geschürten Verdacht, die Verbreitung der christlichen Religion könne im Bündnis mit den europäischen Mächten zur Abhängigkeit Japans führen. So begann 1597 die erste Verfolgung, die zum Tod von drei später als Märtyrer verehrten Jesuiten führte. Sie dauerte bis 1651/52 und vernichtete die katholische Kirche in Japan weitgehend. Zahlreiche Missionare, aber auch viele Gläubige, Männer, Frauen und Kinder wurden damals wegen ihres Glaubens getötet. Einige Christengruppen hielten sich allerdings in abgelegenen Gegenden bis ins 19. Jahrhundert hinein.

Schon der erste Japanmissionar Franz Xaver hatte von den Bewohnern dieses Landes einen sehr positiven Eindruck und hielt sie für gut geeignet, das Christentum anzunehmen. Er schreibt: „Es sind sehr gut gesinnte Leute, sehr umgänglich und wißbegierig." In der Tat erzielten die Jesuiten mit der Zeit zahlenmäßig große Erfolge. Aber es gelang zunächst zu wenig, sich an die Mentalität und die Sitten anzupassen. Deshalb fand der Visitator Alessandro Valignano (1539–1606), der voll Optimismus nach Japan reiste, 1579 dort eine bedrückende Situation der Mission vor. Der Ordensobere in Japan, P. Francesco Cabral (1528–1609), zu sehr geprägt von seinen kolonialen portugiesischen Erfahrungen und überzeugt von der Überlegenheit europäischer Kultur und Zivilisation, glaubte, auch in Japan müßten sich die Bewohner dieses Landes den Portugiesen anpassen und nicht umgekehrt. Dies führte zu Streitigkeiten, Ungleichbehandlung der japanischen Ordensmitglieder und zu einer angespannten Lage.

Der italienische Visitator, nicht involviert in Interessen und Verhaltensmuster der portugiesischen Kolonialherren und überzeugt von den Vorzügen der Japaner („das fähigste und besterzogene Volk im ganzen Orient"), versuchte nun sofort, das Ruder herumzureißen und die „Inkulturation" zu betreiben. Nach seiner Überzeugung mußte die Anpassung an die japanische Mentalität, die Sitten und Kultur eine zentrale Rolle spielen. Die Ordensleute sollten sich an den Eßgewohnheiten und der Kleidung des Landes orientieren, z. B. ein Teezimmer für Gäste einrichten. Er empfahl in seinem Japankatechismus die Beachtung der Anstandsformen der buddhistischen Mönche und der einheimischen Sitten. Seine Maßnahmen, zu denen selbstverständlich auch die Gleichstellung der japanischen Jesuiten mit den europäischen gehörte, waren von aufrichtiger menschlicher Wertschätzung der Japaner und ihrer Lebensgewohnheiten geprägt.

Eine ähnliche Rolle beim Einsatz der Akkommodationsmethode spielten in China die italienischen Patres Matteo Ricci und Roberto de Nobili. Begonnen hatte die Chinamission erst 1579, da Franz Xaver 1552 vor den Toren Chinas starb. M. Ricci kam 1582 nach China und errang als Mathematiker und Astronom dort hohes Ansehen. Er eröffnete als erster Hofastronom des Kaisers in Peking, der den Kalender des Landes aufstellte, den Reigen der Jesuiten in diesem wichtigen Amt. Dieser Kalender regelte durch seine Festlegung von Ernte, Aussaatterminen etc. das ganze Leben des riesigen Reiches und hatte eine wichtige kultische Funktion.

Neben Portugiesen, Italienern, Deutschen und Niederländern kamen seit dem Regierungsantritt Ludwigs XIV. auch viele Franzosen der Gesellschaft Jesu nach China. Im Laufe von rund 200 Jahren wirkten hier 456 Jesuiten als Mathematiker, Geographen, Maler oder Gartenarchitekten. Sie betreuten in China 151 Kirchen und veröffentlichten Hunderte von Werken in chinesischer Sprache. Für die Übermittlung von europäischer Wissenschaft und Kultur nach China und umgekehrt waren sie von herausragender Bedeutung. Ihre zahlreichen Berichte und die Kunstgegenstände, die sie mitbrachten, beeinflußten die europäische Kunst und führten zur Mode der Chinoiserien.

Die Patres Ricci und Schall von Bell versuchten, den im Gastland üblichen religiösen Wortschatz in ihre Missionsarbeit einzubauen, trugen einheimische Tracht mit Chinahut und Zopf, beachteten das im Gastland übliche Zeremoniell, die Sitten und Höflichkeitsformen und nahmen besonders auf zwei wesentliche chinesische Eigenheiten Rücksicht: die Ahnenverehrung und die Lehre des Konfuzius. Beide hielten sie bei etwas Wohlwollen und Interpretationsbreite für vereinbar mit dem christlichen Glauben und der katholischen Praxis. Aufgrund dieser Anpassung konnten die Jesuiten zahlreiche Anhänger gewinnen, so daß man in China 1675 nach Schätzungen der damaligen Gesellschaft Jesu schon 300000 Katholiken zählte.

Inzwischen waren aber auch Dominikaner und Franziskaner ins „Reich der Mitte" gekommen. Sie sahen die reine katholische Lehre durch die Akkommodationsmethode der Jesuiten in Gefahr und befürchteten eine Verfälschung des wahren Christentums. Es kam zum sogenannten Ritenstreit, zur Anklage in Rom und schließlich 1704 durch ein Dekret der Inquisition zum Verbot der Anpassungsmethode in ihren wichtigsten Punkten, vor allem der Ahnenverehrung und der Ehrung des Konfuzius. Als schließlich der Papst einen Legaten nach China entsandte, der die chinesischen Riten verbot, wurde dies vom chinesischen Kaiser sehr negativ aufgenommen. Nach dieser Entscheidung im „Ritenstreit", der 1742 durch Papst Benedikt XIV. endgültig abgeschlossen wurde, ging die Mission in China stark zurück.

## V. Kulturelle Leistungen

### 1. Die Jesuitendichtung

Im allgemeinen werden die Anfänge der Jesuitenliteratur in den ersten Jahrzehnten der katholischen Reform angesetzt, die nach dem Trienter Konzil (1545–1563) begann. Die Dichtung, fast immer in der damals europaweit verbreiteten Sprache der Gebildeten, d.h. in Latein, verfaßt, war zweckgerichtet und diente sehr oft dogmatischen und religiösen Aufgaben. Gepflegt wurde eine anspruchsvolle Imitation der Dichtung des römischen Klassikers Horaz. Dabei erlangten die Oden von Nikolaus Avancini (1611–1686), Jacob Balde (1604–1668) und Maciej Kazimierz Sarbiewski (1595–1640) europaweite Beachtung. Der polnische Jesuit Sarbiewski, Lehrer am Jesuitenkolleg in Wilna, 1623 vom Papst in Rom als Dichter ausgezeichnet und seit 1635 Hofprediger des polnischen Königs Wladislaw IV., verfaßte nicht nur seine sprachlich geschliffene Gedichtesammlung „Lyricorum libri" (1625), sondern auch Predigten, Epoden (Gedichtform, bei der auf einen längeren Vers ein kürzerer folgt), Dithyramben (Loblieder) und als Theoretiker der Barockzeit zwei Poetiken.

Ebenfalls durch seine nach dem Vorbild von Horaz gedichteten Oden, und mehr noch, wie wir sehen werden, durch seine Dramen und barocken Festspiele glänzte der in Welschtirol bei Trient geborene Avancini. Dieser unterrichtete nach seiner Ausbildung in Graz in Triest, Agram und Laibach, war fast 20 Jahre Professor an der Wiener Universität, wurde 1664 Rektor des Passauer Jesuitenkollegs, dann der Kollegien in Wien und in Graz, später Visitator der böhmischen Ordensprovinz, österreichischer Provinzial und 1682 Assistent des Ordensgenerals für die deutschsprachige Assistenz. Als wichtigste lyrische Werke sind seine „Hecatombe odarum" und sein postum in Wien erschienenes „Psalterium lyricum" zu nennen.

Bedeutender als Lyriker war der als „deutscher Horaz" gefeierte Elsässer Jacob Balde, der 1624 in Bayern in den Jesuitenorden eintrat und in Ingolstadt, München und Neuburg a.d. Donau wirkte. Den Höhepunkt seines dichterischen Schaffens erreichte Balde, der Rhetorikprofessor war, als Hofprediger, Prinzenerzieher und bayerischer Hofhistoriograph während seines Aufenthaltes in München von 1637 bis 1650. Der dortige Hof, an dem auch zeitweilig die Jesuitendichter Jacob Bidermann und Jeremias Drexel wirkten, war damals ein Mittelpunkt für Kunst, Wissenschaft und Literatur von europäischem Rang und spielte im katholischen Teil des Heiligen Römischen Reiches eine führende Rolle.

Maximilian I. von Bayern (1597–1651), das Haupt der katholischen Liga und einer der bedeutendsten Fürsten des damaligen Reiches, setzte die Jesuiten, u.a. auch Jacob Balde, für seine staatspolitischen Zwecke ein. So schrieb dieser u.a. Oden zu den wichtigsten Ereignissen der bayerischen Politik, wie z.B. den „Paean Boicus" zur Gedächtnisfeier des Sieges in der Schlacht am Weißen Berg bei Prag oder die Ode auf den von Maximilian betriebenen Sturz Wallensteins. Trotzdem kann man diese Arbeiten Baldes nur mit Einschränkungen als Herrscherpanegyrik bezeichnen, denn, so betont Dieter Breuer, „kaum jemand hat in dieser Zeit die Spannungen zwischen dem Anspruch der frühabsolutistischen Staatsmacht auf

Unterordnung des Schriftstellers unter die überpersönlichen Zwecke der ratio status einerseits und dem Streben nach einem persönlichen Freiraum für sich und seine poetische Arbeit andererseits so wach und hellsichtig wahrgenommen und zu artikulieren versucht wie der jesuitische Dichter Jacob Balde". Auf diese Weise brachte dieser es fertig, sich für einen Großteil seiner Dichtungen der Forderung zu entziehen, Sprachrohr des neuen Machtstaates zu sein, obwohl er im Dienst Kurfürst Maximilians I. lebte. Neben patriotischer Lyrik schrieb er moralische und religiöse Gedichte, Satiren, ein Drama und ein Epos. Als Alterswerk ist seine „Urania victrix", eine Elegiendichtung vom Sieg der christlichen Seele über die Versuchungen der Sinne bedeutend. Seine Gedichte in deutscher Sprache werden als weniger wichtig als die lateinischen angesehen. Balde, der laut „Kindlers Literatur Lexikon" „als einer der bedeutendsten Vertreter der neulateinischen Dichtung" gilt, gebrauchte in seinen deutschen Versen in bewußter Ablehnung der Reform von Opitz eine Diktion, die sich an Kirchenlieder und beliebte Flugblattstrophen anlehnte, eine für jedermann verständliche, volkstümliche und mundartliche oberdeutsche Sprache, die im Dienste einer moralischen Didaktik stand und die heute mehr gewürdigt wird als früher.

In deutscher Sprache verfaßt war auch vielfach die mystische Dichtung der Jesuiten, etwa die Kirchenlieder von Pater Friedrich Spee von Langenfeld (1591–1635). Der in Kaiserswerth bei Düsseldorf geborene Spee, 1610 in den Jesuitenorden eingetreten, Professor in Paderborn, Köln und Trier, bekannt durch seinen Kampf gegen die Hexenverfolgung („Cautio Criminalis", 1631 anonym erschienen), gilt als bedeutendster katholischer Lyriker des Frühbarock. Seine mystisch-geistlichen Lieder, erfüllt von tiefer innerer Frömmigkeit und „gefühlsechten Tönen", beeindruckten später Leibniz und Eichendorff. Besondere Bedeutung erreichte seine Sammlung der geistlichen Lieder. Sie erschien 1649 postum als „Trutz-Nachtigall" und zählte zu den wichtigsten katholischen Kirchenliedersammlungen der Barockzeit, von denen noch heute viele, wie z. B. das Adventslied „O Heiland reiß die Himmel auf" oder das Weihnachtslied „In Bethlehem geboren" gesungen werden. Hier trat zum ersten Mal der katholische Liedstil des 17. Jahrhunderts voll entfaltet hervor. Auch sein Werk das „Güldene Tugend-Buch ...", ein Erbauungs- und Andachtsbuch, das sich mit den Tugenden Glaube, Hoffnung und Liebe beschäftigt, fand große Verbreitung.

## 2. Das Jesuitentheater

Eine ganz besondere Bedeutung errang das Jesuitendrama, da der Orden das Theater systematisch als Erziehungsmittel in den Kollegien, aber auch als Instrument der Seelsorge und zur Gewinnung der Menschen für den katholischen Glauben einsetzte. Die Blütezeit des lateinischen Jesuitendramas bildete das Jahrhundert von etwa 1550 bis 1650. Das Theater wurde besonders in den Schulen aber auch noch bis zur Aufhebung des Ordens 1773 gepflegt, wobei im 18. Jahrhundert immer mehr die jeweilige Muttersprache benützt wurde. Das grundlegende ältere Werk über die Geschichte des Jesuitentheaters von W. Flemming, das die Chronologie des Jesuitendramas in sieben Generationen einteilt, schreibt zur letzten Generation (1740–1773): „Die Themen ändern sich: Klassizistische Stoffe erscheinen. Die Sprache ändert sich: es wird immer häufiger deutsch gespielt. Das ganze Aussehen ändert sich: die Ballette verschwinden, auch jegliche Musik. Die Zahl der Personen sinkt jäh auf ein ärmliches Dutzend herab."

Ziel der Dramen war die Festigung des katholischen Glaubens bei den Zuschauern. Daher wurde der Typus des Bekehrungsstückes charakteristisch. Im allgemeinen arbeitete man mit aufwendigen Bühnenbildern und -techniken, mit Musik und zahlreichen Schauspielern und Statisten, um den Triumph der katholischen Kirche den Zuschauern sinnlich wahrnehmbar und eindrucksvoll zu Herzen gehend vorzuführen. So wurde z. B. in der vierten Theatergeneration, als das Jesuitendrama besonders in Wien in Blüte stand, im Jahr 1657, aus Anlaß von Kaiser Leopolds I. Wahl und Krönung in Wien das bekannteste Drama Avancinis „Pietas victrix" mit viel Aufwand und großer Prachtentfaltung aufgeführt. Der Dichter stellte hier den Kampf Kaiser Konstantins gegen Maxentius als Sieg des christlichen Glaubens über das Heidentum dar, bei dem die „Pietas victrix" (die Frömmigkeit als Siegerin) hervorgeht. Das Stück ist, so schreibt Jörg Kastner, „bewußt angelegt, um den Zuschauer durch ein Feuerwerk von Schaueffekten in Atem halten zu können, und Avancini zieht alle Register der Bühnentechnik, deren das Barocktheater fähig war: Flug- und Wolkenmaschinen bewirken, daß Schlangen, Schwerter und die „Larvae infernales" (Höllengespenster) durch die Luft fliegen können ..., Blitze fahren vom Himmel, der König der Unterwelt fährt unter Wolfsgeheul, Eulengekrächze und anderem infernalischen Lärm in einem Wagen auf die Bühne, der von feuerspeienden Drachen gezogen wird."

Da die Jesuiten nicht nur an Höfen, sondern fast in jeder größeren katholischen Stadt und in jedem der schließlich 750 Kollegien in der Welt Dramen aufführten – im Pariser Kolleg Louis le Grand gab es sogar drei Bühnen –, bestand ein großer Bedarf an Dramen. Deshalb verfaßten viele Patres eine Unmenge bedeutender und weniger bedeutender Stücke. Jean-Marie Valentin kommt allein für den deutschsprachigen Raum für die Jahre 1555 bis 1779 auf 7650 Titel. Die speziellen Stoffe der Dramen waren sehr verschieden. Wie Ruprecht Wimmer zeigt, gab es auch viele Stücke mit chinesischen oder japanischen Themen, die weitere Kreise, wenn auch immer unter jesuitischer Sicht, mit fernen Kontinenten und Ländern vertraut machten und gleichzeitig die Weltmission und somit die Weltkirche vor Augen führten.

Zu den bedeutendsten Verfassern von Jesuitendramen gehören der Böhme Jacobus Pontanus mit seinen „Poeticarum institutionum libri tres" (Poetik), die 1594 erschienen, und Jacob Gretser, ferner die italienischen Jesuitendichter S. Tucci und F. Strada, der Franzose Nicolas Caussin (1594–1671), der Engländer Joseph Simon (1594–1671), außerdem A. Fabricius, G. Agricola und Jacob Masen (1606–1682). Für den deutschen Raum sind vor allem der aus Ehingen stammende Jakob Bidermann (1578–1639) und der schon behandelte Avancini hervorzuheben.

Bidermann, vielseitiger Verfasser lyrischer, epischer und epigrammatischer (scharf pointierter) Werke, Professor, Philosoph und Theologe, ist der bedeutendste Repräsentant des neulateinischen barocken Jesuitendramas. Sein bekanntestes und erfolgreichstes Stück war sein „Cenodoxus" (Der Eitle), 1602 in Augsburg uraufgeführt, der 1635 in deutscher Sprache herauskam. Außerdem hat er die Dramen „Belisar" und „Josephus, Aegypti prorex" (Joseph, Vizekönig von Ägypten) verfaßt. Es ist in diesem Zusammenhang gut, einmal zwei solcher Dramen kurz vorzustellen, damit man sich heute ein Bild von diesen unserem Denken recht fernliegenden Stücken machen kann.

Im „Cenodoxus" verarbeitet Bidermann in fünf Akten, angeregt durch die Legende vom heiligen Bruno von Köln, diesen Legendenstoff ganz eigenständig und stark abgewandelt. Im Zentrum seines Stückes steht die Person eines lasterhaften Doktors der Pariser Sorbonne. Dabei wird das Leben und Sterben dieses gelehrten und berühmten Medizinprofessors dargestellt. Der durch Eigensucht und Überheblichkeit geprägte Mann wird schließlich der ewigen Verdammnis ausgeliefert. Vorher hatten sein Schutzengel und sein Gewissen vergeblich versucht, ihn zu bessern. Auf der Bühne treten die personifizierten Mächte des Guten auf, die mit den Mächten des Bösen ringen, bis im letzten Akt eine apokalyptische Gerichtsszene entfaltet wird. Der Schutzengel, der nicht viel Positives über den Arzt zu berichten weiß, erklärt dazu in diesem fünften Akt: „Davon ich zwar was wenig' find,/Das aber auch dahin verschwind't/Denn ob er schon was Gutes tät',/Mit Almosen und mit Gebet,/Seh ich, das wieder austilgt sei,/Durch Hoffahrt und durch Gleißnerei."

Dieses mit allen Effekten des Jesuitendramas präsentierte Stück machte auf die damaligen Zuschauer einen tiefen Eindruck. Nach einer Aufführung im Jahre 1609 in München zogen sich z. B. vierzehn adlige Hofbeamte, „von Reue und

Bußgedanken ergriffen", in „die Einsamkeit des Klosterlebens zurück".

Die Dramen wurden oft von den Jesuitenschülern gespielt und waren deshalb auch in kleineren Städten bei allen sich bietenden wichtigen Anlässen aufführbar. So zeigten z. B. die Jesuitenzöglinge in der kleinen Bischofs- und Residenzstadt Passau nach der Schlacht am Weißen Berg (1620) Jacob Bidermanns 1607 geschaffenes Drama „Belisar" auf dem Platz vor dem mächtigen gotischen Dom. Um die Zuschauer zu bannen und zu fesseln, ließ man mit viel Geschick effektvoll die Schranken zwischen Spiel und Wirklichkeit fallen, d. h. zwischen den aufführenden Studenten und dem zuschauenden Volk. So kämpfte dieses mit Leidenschaft die Schlacht mit, zog in den Triumphgängen durch die Gassen am Dom und erlebte voll Erschütterung Schuld und Schicksal Belisars mit. Dieser Feldherr hatte nämlich einen erstaunlichen Aufstieg erlebt, wurde dann aber gestürzt und geblendet. So verelendete Belisar (hier Sinnbild des Winterkönigs Friedrich V.) am Schluß des Dramas und flehte vor dem Passauer Dom die Passanten um Almosen an. Diese Art religiös-patriotischen Theaters, das Jung und Alt ungeheuer beeindruckte und seelisch aufwühlte, war ein wesentlicher Teil jener stark sinnlichen katholischen Barockkultur, die mit den prächtigen Kirchen, der aufwendigen Liturgie, der vielen Musik, den Prozessionen und Wallfahrten alle Sinne des Menschen ansprach und im Kontrast stand zur protestantisch bestimmten Wort- und Lesekultur der Zeit.

## 3. Die barocke Bautätigkeit und der „Jesuitenstil"

Im Zuge der immer größeren Ausbreitung der Jesuiten vom letzten Drittel des 16. bis zum 18. Jahrhundert entwickelte der Orden eine intensive Bautätigkeit. Überall im katholischen Europa, aber auch in Übersee, entstanden neue Kirchen und Kolleggebäude. Gemäß der von den Jesuiten mitgetragenen und mitpropagierten tridentinischen, stark sinnlichen, typisch katholischen Kultur wurden die Kirchen besonders reich und prächtig ausgestattet. Gestützt auf eine Bibelinterpretation, die im Gegensatz zur kalvinistischen oder zwinglianischen Bilderfeindlichkeit („Du sollst Dir kein Gottesbildnis von mir machen", Ex. 20,4) sehr bilderfreundlich war („Er [Christus] ist das Ebenbild des unsichtbaren Gottes, Kol. 1,15), versuchte man mit allen künstlerischen Mitteln, Gott zu verherrlichen und für die Gläubigen gleichsam den Himmel auf Erden herbeizuzaubern. Dazu gehörte, daß die Gemeinschaft der Gläubigen auch künstlerisch sichtbar und sinnlich erfahrbar in die Gemeinschaft der Engel und Heiligen eingebunden wurde. Die prächtigen Kirchen dienten u. a. als Mittel, um die Bevölkerung für die katholische Kirche zu gewinnen und um ihr die Macht und Herrlichkeit Gottes vor Augen zu führen.

Bei der Herausbildung des Barockstils und seiner Verbreitung in Europa und Übersee spielte die Societas Jesu eine wichtige Rolle. Die in Rom von den Jesuiten erbauten Barockkirchen *Il Gesù* (1568–75) und *San Ignazio* (1625 ff.) wurden nicht nur Vorbilder für viele Jesuitenkirchen, sondern auch allgemein für den neuartigen, nach den Kriterien des Trienter Konzils bestimmten katholischen Kirchenbau mit großem, säulenlosen Raum und von allen Seiten guter Sicht auf den Hochaltar. Viele Kirchen der Gesellschaft Jesu waren besonders prachtvolle Barockkirchen, von den einen als überladen und voll des architektonischen Überschwangs kritisiert und von den anderen wegen ihres besonderen künstlerischen Reichtums bewundert. In Deutschland gilt die St. Michaelskirche in München (Baubeginn 1583, Weihe 1597) als besonders gelungenes Beispiel des neuen Stils, als schönste Spätrenaissance- bzw. Frühbarockkirche nördlich der Alpen mit einem der größten Tonnengewölbe Europas. Die vor allem von Friedrich Sustris auf Betreiben Herzog Wilhelms V. von Bayern errichtete „deutsche Mutterkirche des Jesuitenordens hat auch den für die folgende Zeit entscheidenden Bautyp geprägt: die Wandpfeilerkirche. Das ganze Bauschaffen des 17. Jahrhunderts steht unter ihrem Einfluß." (Schindler) Weitere bedeutende Kollegkirchen im neuen Stil wurden z. B.

in Eichstätt, Dillingen und Büren errichtet. Besonders schön und prachtvoll ist die Jesuiten- und Universitätskirche in Wien. Sie wurde 1627 bis 1631 erbaut und 1703 bis 1705 durch Andrea Pozzo umgestaltet.

Die Jesuiten bestimmten auch stark den Kirchenbau in Lateinamerika, wobei auch indianische Einflüsse nachweisbar sind. Der Dekor dieser Gotteshäuser ist besonders üppig und wird von Kunsthistorikern gerne als überladen bezeichnet. Die bedeutendsten Beispiele sind die ehemalige Jesuitenkirche in Tepozolán in Mexiko, erbaut 1670 bis 1682 mit einer Fassade von 1760 bis 1762, die Jesuitenkirchen in Quito in Ecuador (1605 ff.) und Requira in Peru (1590–1660) sowie *San Ignacio* in Buenos Aires (1712 ff.).

Während man für die im iberoamerikanischen Barockstil gebauten Kirchen heute noch den Ausdruck „Jesuitenstil" gebraucht, und zwar im neutralen Sinn, so blieb dieser Ausdruck für die europäischen Jesuitenbauten seit der Mitte des 19. Jahrhunderts ambivalent, vielfach auch abwertend gemeint. Er entstand etwa um 1850 in Frankreich in einer Zeit, in der der Barockstil wenig geschätzt war und weite Kreise den Jesuiten wenig positiv gegenüberstanden. J. Gailhabaud, der 1850 im vierten Band seines monumentalen kunstgeschichtlichen Werkes den Begriff „Jesuitenstil" prägte, stellte hier sehr kritisch und dem Zeitgeschmack entsprechend die Stilphänomene vor allem des 17. Jahrhunderts heraus und tadelte an diesem Stil das Bizarre, das Überladene von Architektur und Innenausstattung und ebenso das zeittypische Ineinandergreifen von Architektur, Malerei und Skulptur. Diese negative Bewertung des Jesuitenstils wurde im 18. Jahrhundert zeit- und teilweise schon von den Protestanten vorgenommen, spätestens aber von der Aufklärung propagiert und blieb dann das ganze 19. Jahrhundert über bestimmend. Erst seit etwa 1900 setzte eine Neubewertung und wachsende Hochschätzung von Barock und Rokoko ein.

Seit der Mitte des 19. Jahrhunderts, als „Barock" noch nicht als Epochenbegriff eingeführt war, wurde „Jesuitenstil" vielfach auch als Epochenbegriff für den Kirchenbau der katholischen Reformzeit verwendet. Wenn auch die Jesuiten während der Blüte des Barockstils ihre große Wirkung als gegenreformatorischer Orden entfalteten und der damalige Zeitstil von Italien ausging und die Jesuitenkirche *Il Gesù* als großes Vorbild galt, so ist diese Bezeichnung irreführend. Sie wird deshalb heute bei allen Eigenheiten und trotz der großen Bedeutung vieler Jesuitenkirchen des 16. und 17. Jahrhunderts abgelehnt.

Es gab zwar viele Jesuitenkirchen, die gemeinsame Stilelemente aufwiesen, aber auch viele andere, die sich dem Zeit- und Regionalstil der entsprechenden Ordensprovinz anpaßten. So wurden etwa in Nordwestdeutschland (Köln, Bonn, Paderborn), Belgien und im Elsaß Kirchen im neugotischen Stil errichtet. Es existierte jedenfalls für diesen Weltorden kein für alle Länder und Kontinente geltendes Schema und keine Doktrin für die Bauweise, den Grundriß oder die Innenausstattung der Kirchen und Kollegien, auch wenn man da und dort Ansätze zur Vereinheitlichung findet.

## 4. Das höhere Schulwesen

Da der Orden seit der Mitte des 16. Jahrhunderts Kolleg nach Kolleg errichtete und mit diesen Schulen große Erfolge erzielte, errang er fast überall in der katholischen Welt ein bedeutendes Übergewicht, großenteils sogar ein Monopol der höheren Schulbildung der männlichen Jugend. Er entwickelte sich somit zum wichtigsten Schulorden, der praktisch in jeder größeren katholischen Stadt ein Kolleg unterhielt. In Mitteleuropa, angefangen von Osnabrück und Münster im Nordwesten bis Freiburg i. Ü. und Luzern im Südwesten, Trient und Laibach im Süden und Braunsberg, Marienburg und Thorn im Nordosten gab es 1648 ca. 70 Jesuitenkollegien, die für die damaligen Verhältnisse sehr hohe Schülerzahlen aufwiesen. Sie galten nämlich als ausgesprochen attraktiv für alle Schichten der Bevölkerung, sogar für nicht wenige Protestanten.

In der kleinen Bischofsstadt Passau, die im 17. Jahrhundert 4000 bis 6000 Einwohner zählte, besuchten z. B. 1613, ein

Jahr nach der Gründung, 200, 1614 schon 300 Schüler das Jesuitenkolleg. Blieb der Durchschnitt bei 347 Jungen, so waren es 1697 immerhin 414 und 1703 sogar 500. In das Münchner Jesuitengymnasium strömten schon Ende des 16. Jahrhunderts ca. 900 Schüler, 1631 besuchten es sogar etwa 1500 Jugendliche, während das Kolleg in Würzburg zeitweise ebenfalls die Zahl von mehr als 1000 Gymnasiasten bewältigen mußte. Das besonders große Pariser Kolleg „Louis le Grand" hatte 1620 gar 2000 Schüler, 16 Jahre später 2300 und um 1700 sogar 3000, davon 500 Pensionäre. Zu den dortigen Zöglingen gehörten auch Ausländer, etwa Exilkatholiken aus Großbritannien oder aus den Missionsgebieten, z.B. China.

Schon Ignatius hatte das Gratuitätsprinzip, d.h. die Verpflichtung zu kostenlosem Unterricht festgelegt. Durch Stipendien standen die Kollegien nicht nur den Adels- und Bürgersöhnen, die massenhaft in diese Schulen strömten, offen, sondern auch Begabten einfacher Kreise. Ein eindrucksvolles Beispiel ist der Aufstieg des sehr intelligenten, bienenfleißigen Corbinian von Prielmair vom Enkel eines leibeigenen Tagelöhners und Sohn eines Schrannenknechts in Erding zum adligen Grundherren und kurbayerischen Hofkammerpräsidenten (Finanzminister), ein Aufstieg, der durch seine Ausbildung im Münchner Jesuitenkolleg und die spätere Förderung durch die Patres ermöglicht wurde. Diese soziale Offenheit, aus unserer Sicht sehr fortschrittlich, zog später die Kritik von Aufklärern auf sich.

Die Patres und Fratres, zur Armut verpflichtet, gaben ihren Unterricht bzw. leisteten ihre Arbeiten selbstverständlich ohne Gehaltszahlung. Das reduzierte die Kosten. Da die Fürsten und die jeweilige Bürgerschaft damals großes Interesse an der Errichtung von Jesuitenschulen zeigten, kamen im allgemeinen genügend Dotationen zusammen. So erhielt das Kolleg in Passau, um ein Beispiel zu nennen, von Fürstbischof Leopold von Österreich Stiftungen von 352940 Gulden, mehr als die Jahreseinnahmen des Hochstifts. Dazu kamen noch Spenden anderer Förderer. Die Jesuitenkollegien benötigten somit in der Regel keine Mittel der Steuerzahler und hielten trotzdem ihren Unterricht kostenlos.

Natürlich besuchten auch viele Söhne des Adels und des gehobenen Bürgertums die Jesuitenkollegien, so daß in den katholischen Ländern bald fast alles, was Rang und Namen besaß, dort seine Bildung empfing. Aus dem Münchner Gymnasium gingen Hunderte von Ministern, Geheimräten, Hofräten, Pflegern, Prälaten und Gelehrten hervor. Die meisten einheimischen Mitglieder der Bayerischen Akademie der Wissenschaften waren im 18. Jahrhundert Jesuitenschüler. Ähnlich war es in Paris, wo ein großer Teil der Staatsmänner, Diplomaten, Bischöfe, Kaufleute, Gelehrten, Philosophen bis hin zu den Aufklärern Voltaire und Diderot und dem Revolutionsführer Robespierre das Kolleg „Louis le Grand" besucht hatten. Aber auch die Kollegien in den Provinzstädten bildeten fast ausschließlich die dortige Elite aus.

Nach neuesten Forschungen fußte das jesuitische Schulwesen kaum auf protestantischen Vorbildern, wie früher oft angenommen wurde, sondern auf spätscholastischen Modellen sowie den Methoden von Paris und Bologna. Deren geschickte Kombination führte zu einer beachtlichen Modernität der Unterrichtstechnik. Durch das weitgehende Bildungsmonopol der Jesuiten gestaltete sich das katholische höhere Bildungswesen recht homogen. Als Grundlage diente dem Lehrsystem der Gesellschaft Jesu die „Ratio studiorum" von 1599. Sie blieb weitgehend bis zur Aufhebung des Ordens 1773 in Kraft. Diese „Ratio der Pädagogik" wurde nach Vorformen, die seit 1545 existierten und als „Orientierungen" noch von Ignatius entwickelt worden waren, 1599 endgültig formuliert. Sie legte die spezifische Pädagogik der Jesuiten, aber auch im Detail den Lehrplan und die Aufgaben der Lehrenden fest. Das System umfaßte die gesamte Bildung, angefangen von vorbereitendem Unterricht für die Sechs- bis Achtjährigen, den *Studia inferiora* im Gymnasium, die fünf bis sechs Jahre lang die Jungen im Alter von neun bis dreizehn Jahren besuchten, bis hin zu den *Studia superiora*, die bis zur Universität führten. In der Regel war das Studium im Alter von 20 Jahren abgeschlossen.

Im allgemeinen gab es Klassen mit 20 bis 100 (selten 150) Schülern. Vor dem Aufrücken in die nächsthöhere Klasse mußte man eine Prüfung bestehen. Im Lehrplan nahm der Lateinunterricht den weitaus größten Raum ein, wobei man sich am Stil Ciceros orientierte. Die jesuitische Pädagogik konzentrierte sich auf das Erlernen der lateinischen und griechischen Grammatik und auf das Auswendiglernen. Im allgemeinen diktierte der Lehrer den Stoff. In den zwei Abschlußklassen wurde Literatur, Lektüre von Autoren und Rhetorik vermittelt. Dabei zog man weltweit vor allem fünf von Jesuiten verfaßte Standardwerke heran, darunter die Griechischgrammatik von Jakob Gretser und den Katechismus von Petrus Canisius.

Der Orden sah, was angesichts der großen Klassen kaum anders möglich war, auf strenge Disziplin. Aber im Gegensatz zur damals weitverbreiteten Prügelpädagogik gab es in den Jesuitenschulen kaum Körperstrafen. Vielmehr setzte man auf Kontrolle, Überwachung und Beaufsichtigung. Dieses Überwachungssystem wurde von den Aufklärern des 18. Jahrhunderts und späteren Historikern des 19. und 20. Jahrhunderts als „Schwarze Pädagogik" verurteilt. Die Professoren delegierten nämlich die Aufsicht an mehrere „Präfekten", die wieder einen Teil dieser Aufgabe an „Dekurionen", d.h. besonders ausgewählte Schüler, übertrugen. Diese überwachten sich gegenseitig. Das System wurde vielfach als Spionagepraxis kritisiert. Es ermöglichte aber, daß man bei leichteren Vergehen mit mündlichen Ermahnungen, Verweisen und Einträgen ins Klassenbuch bzw. ins „Livre de Vie" auskam. In ganz schweren Fällen gab es allerdings Arrest und Prügel, die nicht von den Patres selbst vollzogen werden durften. Als positives Mittel der Erziehung und Lernmotivation wurden gezielt Anreize eingesetzt wie Lob, v.a. Belohnungen und öffentliche Preisverleihungen.

In diesen katholisch geprägten Schulen bauten die Jesuiten die religiöse Unterweisung in den gesamten Unterricht ein, so daß sich spezieller Religionsunterricht erübrigte. Die religiöse Erziehung wurde vertieft und ergänzt durch häufigen

Besuch der Messe, durch verschiedene religiöse Übungen und die Einbindung der Schüler in die Marianischen Kongregationen. Dort pflegte man in jeweils gleichaltriger Gemeinschaft intensiv die damals typische katholische barocke Frömmigkeit mit ihren Prozessionen, Wallfahrten, Messen und Andachten, mit gemeinsamem Kommunionempfang und regelmäßiger Beichte.

Einen Gegenpol zu der strengen Disziplin bildete das Schultheater. Im Theaterspiel sollten die Schüler persönliche Entfaltungsmöglichkeiten erhalten, Selbstvertrauen gewinnen und rhetorische Fähigkeiten (im 18. Jahrhundert zunehmend in der Muttersprache) üben. Die Stücke enthielten meist moralisch bestimmte Stoffe. So erfüllte das Schultheater der Jesuiten als fester Bestandteil ihrer Pädagogik vor allem moralisch-didaktische Ziele. Gleichzeitig stellte es durch häufige öffentliche Aufführungen eine lebendige Verbindung zu der Stadtbevölkerung her.

Als Lehrer setzte der Orden ausschließlich Jesuiten ein, für das Gymnasium meist junge Scholastiker, die das Magisterexamen hinter sich, aber noch wenig Lehrerfahrung hatten. Wenn sie dann zum Theologiestudium schritten, schieden sie im allgemeinen aus dieser Tätigkeit wieder aus. Mangelnde Erfahrung der sehr jungen Lehrer und ihr häufiger Wechsel zählten zu den Schwächen dieser Gymnasien.

## 5. Universitäten und Priesterseminare

In das System der „Ratio studiorum" waren die Lyzeen eingebaut. Auf dem Lyzeum konnte der erste Teil der höheren Studien, das Studium der sogenannten „Artes liberales" abgeleistet werden, welches normalerweise an den Universitäten auf der „Artistenfakultät" zu absolvieren war. Die „Artes liberales" setzen sich zusammen aus dem „Trivium" Grammatik, Rhetorik, Dialektik und dem „Quadrivium" Arithmetik, Geometrie, Astronomie und Musik. Bei den Jesuiten wurde dabei besonders die Philosophie des Aristoteles (Metaphysik, Ethik) betrieben. Da alle Studenten zuerst dieses

Grundstudium absolvieren mußten, war es besonders prägend. Deshalb versuchten die Jesuiten, an möglichst vielen Universitäten diese Artistenfakultäten zu betreuen bzw. dieses Grundstudium in den Lyzeen, die vielfach in die Kollegien eingegliedert waren, zu bieten. So hatten die Jesuiten, abgesehen von den zwei Benediktineruniversitäten in Salzburg und Fulda, in allen katholischen Universitäten des Heiligen Römischen Reiches die Artistenfakultät in der Hand. Ferner besetzten die Jesuiten, außer in Salzburg und Fulda, die theologischen Fakultäten der katholischen Universitäten, u. a. in Mainz, Trier, Köln und Ingolstadt. Dort beschäftigten sich die 17 bis 20 Jahre alten Studenten vor allem mit der scholastischen und positiven Theologie des Thomas von Aquin, mit Kontroverstheologie, Kasuistik, Kirchenrecht und der Heiligen Schrift.

Während sich die Jesuiten meist auf die Besetzung der zwei erwähnten Fakultäten beschränkten und die Jurisprudenz und Medizin anderen, meist weltlichen Professoren überließen, gab es auch reine Jesuitenuniversitäten (d. h. Universitäten unter jesuitischer Leitung), etwa in Dillingen und Bamberg, Olmütz, Graz und Breslau. An den einzigen beiden Universitäten Europas, an denen protestantische und katholische Professoren gleichzeitig lehrten, nämlich Erfurt (Kurmainz) und Heidelberg (Kurpfalz, nach Regierungsantritt der katholischen Kurfürsten des Hauses Pfalz-Neuburg), übernahmen die Jesuiten die katholisch-theologische Fakultät. Da die Jesuiten streitbare Kämpfer für ihre Kirche und auch viele Protestanten damals wenig tolerant waren, gab es an diesen „gemischten" Universitäten viel Streit und harte konfessionelle Auseinandersetzungen.

Hatte die Gesellschaft Jesu einen Großteil der katholisch-theologischen Fakultäten im Heiligen Römischen Reich und in anderen Staaten in der Hand, so leitete und führte sie auch die meisten Priesterseminare. Vom Trienter Konzil war 1563 die Ausbildung des Weltklerus in Priesterseminaren verbindlich vorgeschrieben worden. Dort sollte neben dem philosophisch-theologischen Studium ein spirituelles Leben in Ent-

haltsamkeit und die praktische Ausbildung der Priesteramts-
kandidaten gepflegt werden. Da die Jesuiten immer mehr
solcher Priesterseminare betreuten, übten sie bald einen do-
minierenden Einfluß auf die allgemeine Priesterausbildung
der katholischen Welt aus. Ganze Priestergenerationen waren
von den Jesuiten, ihrer Theologie und Seelsorgerpraxis geprägt.


## 6. Wissenschaften

Die Wissenschaften wurden in der frühen Neuzeit vor allem
außerhalb der Hochschulen, d. h. in Pfarrhäusern, Klöstern,
Kollegien und an den Höfen gepflegt. Insbesondere in der
Theologie spielten viele Jesuiten eine wichtige Rolle. Hier
knüpfte man vor allem an Thomas von Aquin an, setzte aber
sehr bald eigene Akzente. So entwickelten die Patres Petrus
Fonseca (1528–1599) und Luis de Molina (1535–1600) ein
theologisches Modell, um die Vereinbarkeit von Gnadenwirk-
samkeit und göttlicher Vorsehung einerseits und freier Selbst-
bestimmung der vernunftbegabten Menschen andererseits zu
erklären. Gemäß dieser Lehre, die im Gegensatz zu Luther
oder auch zu Augustinus die große Rolle des Willens bei der
Erlangung des Seelenheils betont, wird die hinreichende Gna-
denhilfe Gottes durch die Zustimmung des freien Willens
wirksam. Allerdings bekämpften die Dominikaner im „Gna-
denstreit" diese „Molinismus" genannte Lehre. Diese Auseinandersetzungen der Theologen wurden sehr heftig geführt.
Die Päpste hatten alle Mühe, die erhitzten Gemüter zu be-
ruhigen. 1607 verbot Paul V. schließlich beiden Seiten, die
jeweilige Gegenanschauung als Ketzerei zu bezeichnen, und
ermahnte die Kontrahenten, sich aller scharfen Worte zu ent-
halten. Eine weitere von den Jesuiten vertretene Lehre war
der „Probabilismus". Es handelt sich um eine Lehre der Mo-
raltheologie, die stark die subjektiven Handlungsmotive des
einzelnen Gewissens berücksichtigt. Handelt ein Beichtkind
zwar objektiv falsch, aber in der festen Überzeugung, das
Richtige zu tun, kann der Probabilismus dieses falsche Han-

deln als vor Gott gerechtfertigt ansehen. Im Zweifelsfall entscheidet man sich also dafür, das Handeln des Beichtkindes als erlaubt zu bezeichnen, wenn dafür positive subjektive Gründe sprechen. Dies gilt selbst dann, wenn diesem Handeln objektiv gesehen *probablere* (wahrscheinlichere) Gründe entgegenstehen. Man hält somit den guten Willen des Menschen in bezug auf Gott für das Entscheidende, selbst wenn sich dieser Mensch vielleicht objektiv gesehen irrt.

Ganz allgemein trafen die Jesuitentheologen auf den Widerstand der alten Theologenschulen, besonders der Pariser Sorbonne. Diese Gegensätze blieben bestehen, da die Universität der französischen Hauptstadt traditionell gegen die Jesuiten und weitgehend gallikanisch eingestellt war. Sie trat somit für eine weitgehende Unabhängigkeit der französischen Kirche vom Papst ein und verbot Werke jesuitischer Theologen, etwa das Buch von P. Mariana wegen der angeblichen Lehre des „Tyrannenmordes". In der Tat gab es Theologen des Ordens, die, ähnlich wie kalvinistische Staatsrechtler und Denker, im Extremfall unrechtmäßiger und tyrannischer Herrschaft ein aktives Widerstandsrecht bis hin zum Mord am „Tyrannen" propagierten, das von den Vertretern der „absoluten" Monarchie bestritten wurde.

In den ersten Jahrzehnten der Geschichte der Jesuiten stellte Spanien die bedeutendsten Theologen des Ordens, etwa Franz Suarez (1548–1617) oder Gregor von Valencia (1549–1603). Unter den deutschen Fachvertretern seien Adam Tanner (1572–1632) und Jakob Gretser (1562–1627) genannt. Die Gesellschaft Jesu konnte auch eine stattliche Zahl von bedeutenden Bibelexegeten aufweisen, z.B. Cornelius a Lapide (1567–1637). Wichtig waren auch die vielen Übersetzungen der Heiligen Schrift, z.B. ins Äthiopische, Persische, Polnische, Ungarische oder Tschechische und in viele Indio-Sprachen. Ähnliches gilt für die Katechismen. Der für das Heilige Römische Reich deutscher Nation bekannte Katechismus des Petrus Canisius (1521–1597) wurde in 25 Sprachen übersetzt und in mehr als 500 verschiedenen Ausgaben herausgegeben. Natürlich stellte der Orden, mittlerweile der weltweit größte, ebenfalls zahlreiche anerkannte Kirchen-rechtler, so Paul Laymann (1574–1635) oder Franz Schmalz-grueber (1663–1735).

Die Societas Jesu brachte auch viele Historiker hervor, die sich mit der Geschichte des Ordens, Staatenhistorie, Weltge-schichte, der Entwicklung der Kolonien oder der Geschichte Chinas beschäftigten. Von entscheidender Bedeutung für die Entwicklung der Geschichtswissenschaft und ihrer Metho-den war eine Gruppe von Jesuitenpatres aus den katholischen Niederlanden (Belgien), die Bollandisten, die Pater Jean Bolland (1596–1665) organisiert hatte. Bis 1773 erschienen 50 Foliobände gut dokumentierter Lebensbeschreibungen von Heiligen aus der Feder dieser Historikergruppe.

Neben Geschichte waren auch Grammatik und Literatur wichtige Arbeitsgebiete. Jesuiten verfaßten Grammatiken von 95 Sprachen, die für die Mission wichtig waren, angefangen von Chinesisch bis zur Sprache der Huronenindianer in Ka-nada. Da die Missionare jahre- und jahrzehntelang in ihren Gastländern weilten und sie gut kennenlernten, lieferten sie als Geographen ausgezeichnete Beschreibungen von Land und Leuten, etwa vom Inneren Nordamerikas, von Kali-fornien, Mexiko, dem Amazonasgebiet, von China und der Mongolei, von Tibet und Äthiopien. Gleichzeitig gehörten manche Patres, wie z. B. Martin Dobrizhoffer (1717/18–1791), zu den Vätern der Völkerkunde. Seine Werke gelten als bahnbrechend für die Disziplinen Ethnographie und Lin-guistik. Seine „Geschichte der Abiponer" in Paraguay ist noch heute lesenswert.

Da es in den Missionen immer Patres oder Fratres gab, die als Apotheker wirkten, spielten die Jesuiten eine wichtige Rolle bei der Übermittlung europäischer Heilmittel nach Asien und Amerika sowie besonderer Heilpflanzen und -methoden dieser Kontinente nach Europa. So haben sie z. B. das bei den Indianern verwendete Chinin in Europa verbrei-tet, das man „Jesuitenpulver" nannte.

Auch in der Mathematik und Astronomie waren Jesuiten tätig. Noch heute gebrauchen wir den Kalender, der durch die von Papst Gregor XIII. unter wesentlicher Mitwirkung des Bamberger Paters Christoph Clavius (1537–1612) durchgeführte Reform von 1582 zunächst in den katholischen Staaten eingeführt wurde. Sein Ingolstädter Kollege Christoph Scheiner (1575–1650) entdeckte unabhängig von Johann Fabricius und Galileo Galilei die Sonnenflecken und leistete einen wichtigen Beitrag zur physiologischen Optik, während der aus Landsberg am Lech stammende P. Ignaz Kögler den chinesischen Kalender schuf, der bis 1911 gültig blieb. In Peking amtierten seit Matteo Ricci (1552–1610) bis zur Ordensaufhebung Jesuitenpatres als Hofastronomen und Mathematiker des Kaisers, u. a. Pater Johann A. Schall von Bell (1592–1666) aus Köln, Ferdinand Verbiest (1623–1688) aus Flandern, Kilian Stumpf (1655–1720) aus Franken, Ignaz Kögler (1680–1746) aus Oberbayern und Anton Gogeisl aus Niederbayern.

Aber auch in Europa wurde Astronomie intensiv gepflegt, etwa von P. Maximilian Hell (1720–1792) in Wien. Der Orden unterhielt eigene Observatorien u. a. in Lissabon, Marseille, Pont-à-Mousson, Schwetzingen, Mannheim, Wien, Graz, Prag, Tyrnau, Lemberg, Wilna, Florenz, Parma und Peking. Während der aus der Gegend von Fulda stammende Universalgelehrte Athanasius Kircher (1602–1680) die „laterna magica" (einen einfachen Projektionsapparat) sowie eine der ältesten Rechenmaschinen erfand, veröffentlichte Franz Lana aus Brescia (1636–1687) im Jahr 1670 erstmals „einen wissenschaftlich begründeten Plan der Luftschiffahrt" (H. Becker). Zusammen mit Descartes legte der flämische Pater Grégoire de Saint Vincent (1584–1667) die Grundlagen der analytischen Geometrie, und P. Francesco Grimaldi (1618–1663), der die Beugung des Lichts entdeckte, entwickelte die Ondulationstheorie, auf die später Newton besonders zurückgriff. 1724 stellte außerdem Pater Jakob Riccati (1676–1754) die nach ihm benannte Differentialgleichung auf und der kroatische Pater Ruder Josip Boskovich (1711–1787) begründete die physikalische Atomistik.

# VI. Der Orden von 1640
## bis zu seiner Auflösung 1773

## 1. Konsolidierung und Ausbreitung bis 1750

In den hier zu behandelnden 110 Jahren konnte sich der weltweit agierende Orden nicht nur konsolidieren, sondern er vergrößerte sich auch. 1680 gab es schon 1008 Niederlassungen der Gesellschaft Jesu, 1710 bereits 1190, 1730 genau 1392 und 1750 schließlich 1538. Entsprechend stieg die Zahl der Mitglieder 1680 auf 17 665, 1710 auf 19 998 und 1750 auf 22 589 an, um dann bis zur Aufhebung diesen Stand in etwa zu halten. Von Interesse ist, daß der Anteil der geweihten Priester unter den Ordensmitgliedern, der im 16. Jahrhundert gegenüber den Koadjutoren (Laienbrüdern) noch recht gering war, sich immer mehr erhöhte und im 18. Jahrhundert fast 50% ausmachte.

Die Zahl der Ordensprovinzen stieg durch die Einrichtung neuer Provinzen in Übersee und durch die Teilung europäischer Provinzen laufend an. Gab es 1615 insgesamt 32 Provinzen (davon 5 in Übersee), so 1679 insgesamt 29 (davon 8 in Übersee), 1710 schon 37 (davon 11 in Übersee), 1749 insgesamt 41 und 1770 nach der Gründung der bayerischen Provinz 42. Auch die Missionsstationen, die in den meisten Teilen der damals den Europäern bekannten Welt errichtet wurden, nahmen laufend zu, und zwar von einer im Jahre 1542 im indischen Goa auf 106 im Jahr 1680, 200 im Jahr 1730 und 273 im Jahr 1750. Der Orden unterhielt um 1750 etwa 1500 Niederlassungen und 1730 immerhin 612 Kollegien, davon 95 in Übersee. Bei der Auflösung des Ordens 1773 zählte man sogar 750 Kollegien mit 210 000 Schülern, eine für die damalige Zeit große Zahl von Besuchern höherer Schulen. Entsprechend wichtig und einflußreich war der zentralistisch geleitete Orden als Elite der katholischen Kirche bei der Pflege barocker Frömmigkeit, der Ausbildung der katholischen Priester und Theologen in den Seminaren, der Erziehung der männlichen Jugend und als politisch einflußreicher Berater katholischer Fürsten.

Gerade diese dominierende Stellung in weiten Bereichen erzeugte die erbitterte Gegnerschaft anderer geistiger Kräfte des Katholizismus wie der Jansenisten, anderer Ordensgemeinschaften und mancher Vertreter der Amtskirche, ferner der Protestanten, die unter der Effizienz der katholischen jesuitischen Speerspitze, ihren Konversionserfolgen und ihrem gegenreformatorischen Kämpfertum litten. Ebenso waren die Vertreter der Aufklärung, die unter Zurückdrängung von Offenbarungsreligion und Kirche die Vernunft als Richtlinie menschlichen Handelns propagierten, erbitterte Feinde der Societas Jesu, die sie mit Recht als geistige Elite und wichtigste Verteidigerin der traditionellen katholischen Kirche, Frömmigkeit und Offenbarungsreligion betrachteten.

## 2. Die Auseinandersetzungen mit dem Jansenismus

Schicksalsträchtig und im Endeffekt wenig positiv für die Gesellschaft Jesu war deren langandauernder, mit viel Energie geführter Streit mit den Jansenisten, die seit den vierziger Jahren des 17. Jahrhunderts zu erbitterten Feinden der Jesuiten wurden und im 18. Jahrhundert in Frankreich auf deren Verbot hinarbeiteten. Beim Jansenismus handelte es sich zunächst um eine katholische religiös-sittliche Reformbewegung, die vom niederländischen Theologen und Bischof Cornelius Jansen (1585–1638) ausging. Dieser vertrat in seinem dreibändigen Werk „Augustinus" (1640 postum erschienen) eine stark an diesen Heiligen und Kirchenlehrer angelehnte Gnadenlehre. Er erklärte den menschlichen Willen für verderbt und der Lust zum Bösen völlig ausgeliefert, solange er nicht durch die Gnade Gottes bezwungen wird. Im Gegensatz zur optimistischen jesuitischen Lehre predigte er einen anthropologischen Pessimismus und strebte gleichzeitig eine religiös-asketische Verinnerlichung mit strengen Moralgrundsätzen an. Als Papst Urban VIII. 1642 den „Augustinus" von Jansen durch die

Bulle „In eminenti" verurteilte, gab es vor allem in Frankreich heftige innerkirchliche Streitigkeiten, da bedeutende Theologen wie Jean Du Vergier de Hauranne (1581–1643), Antoine Arnauld (1612–1694) und Pasquier Quesnel (1643–1719) sowie der Mathematiker, Physiker und Philosoph Blaise Pascal (1623–1662) mit großem Engagement für die jansenistischen Ideen und Lehren eintraten. In dem Kloster Port-Royal bei Paris entstand ein Zentrum des Jansenismus, lange Zeit geleitet von den Schwestern Arnauld, den Äbtissinnen Mutter Angélique und Mutter Agnès.

Einerseits bekämpften die am Hof einflußreichen Jesuiten mit scharfer Feder und vielen theologischen Argumenten und Spitzfindigkeiten streitgewaltig die vom Papst verurteilten Jansenisten. Andererseits griffen deren führende Männer mit viel Esprit, theologischem Wissen, aber auch einseitigen Urteilen und Verbalattacken die Gesellschaft Jesu an. Wichtiges Ziel dieser Angriffe war die von den Jesuiten praktizierte Morallehre, welche die Jansenisten als lax und kasuistisch verurteilten. Bei der Kasuistik handelte es sich um eine Lehre, die für im praktischen Leben auftretende mögliche moralische Entscheidungsfälle (casus) an Hand eines Systems von Geboten im voraus das rechte Verhalten bestimmte. Dabei kam es leicht zu Spitzfindigkeiten. In der Tat bewirkte die von den Jesuiten propagierte Einordnung der Gewissensfälle und der Sünden in den Kontext des subjektiv agierenden Menschen, daß man dessen Handeln weniger hart und somit großzügiger beurteilte, als etwa die besonders sittenstrengen Jansenisten dies taten. Diese verurteilten deshalb den Kasuismus als „laxe Moral" und brachten den auch später noch von den Gegnern der Gesellschaft Jesu gerne gebrauchten Begriff „Jesuitenmoral" auf. Die Kritiker, die gewisse Schwachpunkte der kasuistischen Morallehre besonders herausstellten, wie das Prinzip des „geheimen Vorbehalts" (Erlaubnis, in kluger Weise die Wahrheit zur Schadensabwendung oder zum Schutz eines Geheimnisses zu verschleiern) oder den Grundsatz „der Zweck heiligt die Mittel", berücksichtigten allerdings zu wenig, daß die Kasuisten ihre Ratschläge und Regeln nicht allgemein für die Gläubigen schrieben, sondern für die Beichtväter und deren Beichtpraxis.

Die Jansenisten attackierten neben dem Kasuismus den Probabilismus der Jesuiten – eine Lehre, nach der in Zweifelsfällen eine ansonsten verbotene Handlung erlaubt ist, wenn in der bestimmten Situation gute Gründe dafür sprechen – sowie den Molinismus – eine Lehre, nach der die göttliche Gnade und die menschliche Willensfreiheit bei der Erlangung des Heils zusammenwirken sollen. Ihnen mißfiel außerdem das Bestreben der Jesuiten, die Gläubigen zu häufigem Kommunionempfang zu ermutigen, während sie selbst aus Ehrfurcht vor dem Sakrament für den seltenen Empfang eintraten. Als bedeutendste antijesuitische Schriften der Jansenisten gelten das 1643 von dem Theologen der Sorbonne A. Arnauld verfaßte Buch „Théologie morale des Jesuites", ferner das von ihm zusammen mit S.-J. de Pontchâteau 1669 bis 1695 herausgebrachte siebenbändige Werk „Morale pratique des Jesuites" sowie Pascals „Lettres à un provincial" (1657).

Insgesamt stand dem optimistischen Menschenbild der Jesuiten, die meinten, daß der Mensch im Prinzip in der Lage sei, „das Gute" zu wählen, und die großen Respekt vor der individuellen Gewissensentscheidung hatten, die jansenistische (aber auch die protestantische) Sichtweise gegenüber, die es ablehnte, Sündhaftigkeit und Moralität an einzelnen Handlungen und konkreten Umständen zu bemessen, und die von einer strengen Erbsündenlehre bestimmt war. Die „Jesuitenmoral" geriet bei den Gegnern, d. h. den Jansenisten, später auch den Aufklärern und Freimaurern, in den Verdacht, im sozialen und politischen Bereich einen Relativismus der Werte zu verbreiten, der auch das Recht auf Widerstand bis hin zum Tyrannenmord nicht ausschließt.

Unter kräftiger Mitwirkung und auf Betreiben der Jesuiten verurteilte Papst Innozenz X. in der Bulle „Cum occasione" 1653 die ersten vier der sieben Leitsätze Jansens. 1656 weitete Papst Alexander VII. die Verurteilung der jansenistischen Lehre auf alle die aus, die sich nicht von ihr distanzierten. Die Jesuiten erhielten in Ludwig XIV. einen tatkräftigen Verbündeten gegen die Jansenisten, da sich um diese Bewegung viele Opponenten des Königs scharten. Der Sonnenkönig ließ 1703 den geistigen Führer dieser religiösen Richtung, Pater Quesnel, verhaften und veranlaßte Papst Klemens XI., 1705 durch die Bulle „Vineam Domini" den Jansenismus endgültig zu verurteilen. Als der Papst 1711 die Lehre durch die Bulle „Unigenitus" definitiv verwarf, kam es zur Spaltung der Kirche und der Gesellschaft. Die Jesuiten waren dabei die streitbaren Vorkämpfer für Papst und König, während die Jansenisten vor allem in den Parlamenten (höchsten Gerichten) und unter den Verfechtern des Gallikanismus (d.h. der weitgehenden Selbständigkeit der katholischen Kirche in Frankreich von Rom) viele Anhänger fanden.

Ab 1720 errangen die Jansenisten in Frankreich großen Einfluß und wurden zunehmend zu einer politischen Bewegung. Dieser gelang es nicht nur, die königliche Autorität zu schwächen, sondern auch die mächtigen Jesuiten als die wichtigste Stütze des Papsttums und des „absoluten" Königtums zurückzudrängen. Diese wurden nämlich immer mehr in die harten, auf beiden Seiten fanatisch geführten Auseinandersetzungen um die Bulle „Unigenitus" verwickelt. Da die Jesuiten zu den eifrigsten Verteidigern dieser Bulle zählten, richteten sich ihre Gegner, d.h. die Parlamente, Jansenisten und Richeristen (die die Mitbestimmungsrechte der Priester gegenüber den Bischöfen betonten), besonders gegen die Gesellschaft Jesu. Sie arbeiteten bald auf ihre Vernichtung hin und erreichten 1764/66 ihr Verbot und ihre Enteignung in Frankreich.

## 3. Die Gegnerschaft zu Protestantismus und Aufklärung

Als dem Papst besonders ergebene katholische Speerspitze kämpften die streitgewandten, in Kontroverstheologie geschulten Jesuiten überall, wo es möglich war, gegen die Protestanten und später gegen die immer stärker werdenden Strömungen der Aufklärung. Auf der anderen Seite wandten sich die Protestanten und bald auch die Aufklärer gegen die Gesellschaft Jesu, die als finsterer Hort des konservativen, die römische Rechtgläubigkeit und die Offenbarungsreligion betonenden Katholizismus angesehen wurde. Man schätzte den Orden, seine Methoden, seine Anpassungsfähigkeit, Effizienz und Kampfesstärke als sehr gefährlich ein. So schrieb z. B. der evangelische Hofprediger von Stuttgart Lukas Osiander (1534–1604), der Sohn des Reformators der Reichsstadt Nürnberg, schon im Jahre 1569: „… Zu diesem seinem verderblichen fürnemen hat er (der Satan) ein newen Orden vor etlich wenig jaren gestiftet, nämlich die newen Phariseer und Heuchler, die sich Jesuiter, oder auß der Gesellschaft Jesu fälschlich nennen. …" Er bezeichnet sie als „Apostel des Satans" in Schafskleidern und „Jesu Wider". Dieses Negativ- und Feindbild hat sich bei vielen Protestanten bis ins 20. Jahrhundert hinein erhalten. Es hat auf diesem Wege auch die nationalistische Verurteilung der Jesuiten in Deutschland geprägt. So nennt z. B. auch H. St. Chamberlain (1855–1927), ein protestantischer Kulturhistoriker und Schwiegersohn Richard Wagners, ein Verherrlicher der nordisch-arischen Rasse, Ignatius „den Typus des Antigermanen".

Allerdings sahen im 18. Jahrhundert nicht wenige Protestanten auch die positiven Leistungen der Jesuiten im Schulbereich und in Übersee. Gefährlicher wurde für den Orden deshalb in diesem Jahrhundert die erbitterte Feindschaft der Aufklärer und damit verbunden der antiklerikalen und z. T. antichristlichen Freimaurer, da deren Ideen bei den gebildeten und führenden Schichten, d. h. im Adel und im gehobenen Bürgertum, immer größeren Anklang fanden und in den katholischen Ländern zunehmend beherrschend wurden. Für diese Schichten, welche großenteils die menschliche Vernunft zur Richtschnur des Denkens und Handelns machten, galten die Jesuiten, ihre Kollegien und ihre Universitätsprofessoren mehr und mehr als bedeutendste traditionelle Kraft, welche die Verbreitung des Fortschritts hemmte, und als wichtigstes Bollwerk der katholischen Kirche. Bei diesem Streit ging es auch um die Beherrschung der Kirche durch den aufgeklärt-absolutistischen Staat. Diesem Ziel stand ein internationaler, straff von Rom aus geleiteter Orden wie die Gesellschaft Jesu im Wege.

## 4. Die zunehmende Erstarrung und Bekämpfung des Ordens

Angesichts der Größe der Gesellschaft Jesu, ihrer Verbreitung in allen damals bekannten Kontinenten, der hohen Zahl an Kollegien, die zu betreuen, und der vielen Aufgaben, die zu bewältigen waren, erlahmte der alte Schwung, der im 16. und 17. Jahrhundert zur immer weiteren Ausbreitung des Ordens und zu seinem großen Einfluß geführt hatte. Es galt, die zahlreichen Routinearbeiten fortzuführen. So band etwa die Arbeit in den Hunderten von Kollegien weltweit eine große Zahl der Patres. Dazu kamen mehr und mehr wirtschaftliche Schwierigkeiten wegen der im Laufe der Jahrhunderte erfolgten Geldentwertung, die mangels Spendenfreudigkeit nicht ausgeglichen werden konnte. Unter den vielen Mitgliedern gab es schließlich nicht wenige, die sich nicht vollständig an die Satzungen hielten.

So galt der Orden zunehmend als erstarrt, nur noch konservierend und Veränderungen abgeneigt. Man warf ihm das sture Festhalten an der aus dem 16. Jahrhundert stammenden und lange als fortschrittlich und vorbildlich geltenden „Ratio studiorum" in den Kollegien vor. In unzähligen Broschüren kritisierten die Aufklärer, aber auch von der Aufklärung beeinflußte Kirchenleute, wie z. B. mancher Augustiner Chorherr, sowohl Inhalt wie Methode des jesuitischen Unterrichtswesens. Als methodisch-pädagogische Schwächen wurden das Festhalten an der Diktiermethode und der hohe Rang des Auswendiglernens angeprangert. Die Kritiker vermißten bei dieser Methodik die „Weckung selbständiger Verstandeskräfte".

Außerdem bekämpften die Aufklärer die Lerninhalte der Jesuiten. So entstand ein allgemeines Bewußtsein von der wissenschaftlichen Rückständigkeit der Gesellschaft Jesu. Man kritisierte heftig das Gewicht der lateinischen Sprachpflege und sah die Muttersprache vernachlässigt, außerdem die in der zweiten Hälfte des 18. Jahrhunderts so hoch im Kurs stehenden Fächer Geschichte, Mathematik und Naturwissenschaften.

Bei der Ausbildung der Theologen wandten sich die Aufklärer gegen den hohen Wert, den die Jesuiten der spekulativen Theologie zumaßen, gegen die Pflege barocker Frömmigkeit, der die Neuerer ihre purifizierte Religiosität gegenüberstellten, und gegen die jesuitische Berufungspraxis. In einer Zeit, als die aufgeklärt-absolutistischen Regierungen versuchten, die Kirche immer mehr unter staatlichen Einfluß zu bringen, störte zunehmend die den Jesuiten früher zugestandene Autonomie des in Rom straff geleiteten Ordens. Mit gewissem Recht wurden auch der von den Jesuiten praktizierte häufige Lehrer- und Professorenwechsel und das jugendliche Alter vieler Lehrer bemängelt.

Einen weiteren Kritikpunkt der Aufklärer bildete die von den Jesuiten aufrechterhaltene Offenheit der Schulen für alle Schichten der Bevölkerung und der prinzipiell kostenlose Unterricht. Viele Aufklärer betonten, man solle Kinder von Bauern und Handwerkern möglichst vom Studium abhalten, also dieses, wie der berühmte Aufklärer Adam Ickstatt betonte, denen überlassen, die es sich finanziell leisten konnten, um einen Akademikerüberschuß zu vermeiden und die Kinder nicht dem arbeitenden Nährstand zu entziehen.

Die meisten Vorwürfe der Aufklärer gegen das jesuitische Bildungswesen waren nicht unberechtigt, aber großenteils übertrieben. So öffneten sich die Jesuiten im Heiligen Römischen Reich durchaus dem Muttersprachenunterricht, der verstärkten Pflege von Geschichte, Mathematik und Naturwissenschaften. Auch im großen Pariser Kolleg „Louis le Grand" wurde, besonders auch im Theaterspiel, das einen wichtigen Teil der jesuitischen Pädagogik und Ausbildung bildete, immer stärker die Muttersprache gepflegt. Man öffnete sich auch den modernen Fächern. Ja, man schuf dort sogar Einrichtungen, die einmalig, ausgesprochen fortschrittlich und zukunftsweisend waren, wie die „Ecole des langues orientales", wo Eliteschüler Arabisch, Türkisch, Persisch etc. lernten, um als Diplomaten, Kaufleute oder Missionare in den Orient zu gehen.

Vielfach wird der Rückgang der Schülerzahlen in den Kollegien als Folge abnehmender Attraktivität gewertet. In vielen

Kollegien mußten die Jesuiten aber auch – wie sich am Beispiel des Kollegs in Moulins zeigen läßt – von sich aus die Zahl der Schüler drastisch reduzieren. Man hätte nämlich sonst die vorgeschriebene Gratuität des Unterrichts nicht aufrechterhalten können, da im Zeitalter der Aufklärung fast keine Spenden und Schenkungen mehr eingingen, die Einnahmen aus früheren Dotationen und Renten aber durch Geldentwertung stark vermindert waren.

Noch stärker als gegen die Kollegien richtete sich die Kritik gegen die in den Universitäten tätigen Jesuiten und die von ihnen geleiteten Hochschulen, die sich zu wenig den neuen Ideen der Aufklärung und den von ihnen geprägten Wissenschaften und Wissenschaftszweigen öffneten.

So verdrängten die Aufklärer, aber auch die von diesen beeinflußten Regierungen, die Jesuiten zunehmend aus den Universitäten, um diese durch Vertreter der neuen Geistesrichtung nach dem Vorbild protestantischer Hochschulen reformieren zu lassen.

Der internationale Orden, der letztlich immer noch eine große Macht und einen starken Einfluß ausübte, geriet ab 1750 mehr und mehr von verschiedenen Seiten unter Druck. Zu den Gegnern zählten die aufgeklärten „absolutistischen" Regierungen, welche die katholische Kirche dem Staat unterordnen wollten, die Aufklärer und Freimaurer, welche die Gesellschaft Jesu mit Recht als das wichtigste Bollwerk von Kirche, Papsttum und Offenbarungsreligion ansahen, verschiedene Bischöfe und Ordensleute, die von der Aufklärung geprägt waren, ferner überseeische Siedler und Kaufleute, die sich durch die Tätigkeit der Jesuiten für die Indianer und durch Handelskonkurrenz gestört sahen. Auch wenn protestantische Mächte wie England zum Untergang des Ordens beitrugen, so betrieben besonders katholische Staaten, allen voran die Bourbonenländer Frankreich, Spanien und Parma dessen Auflösung.

## 5. Vertreibung, Verfolgung und Aufhebung der Gesellschaft Jesu

Der Orden bot seinen Gegnern wegen seiner häufigen Quasi-monopolstellung in vielen Bereichen des Bildungswesens, seiner großen Macht und mancher Verknüpfungen geistlicher mit weltlichen, kaufmännischen Tätigkeiten durchaus Anlässe für harte Maßnahmen und Vernichtungsschläge. Ein unheilvolles Ereignis war das Wirtschaftsunternehmen des Paters La Valette, das hier als Beispiel einer verhängnisvollen Verkettung von Unglück und Fehlentscheidungen der Societas Jesu ausführlich beschrieben werden soll.

Der Pater leitete seit 1742 die Jesuitenniederlassung auf der französischen Insel Martinique (Kleine Antillen, Mittelamerika). Da dort die Erträge aus Grundbesitz und Dotationen wegen der allgemeinen Wirtschaftskrise und der restriktiven merkantilistischen Maßnahmen der Großmächte für den Unterhalt der Mission nicht mehr ausreichten, ließ sich La Valette auf komplizierte Handelsunternehmungen mit Aufnahme hoher Kredite ein. Kaufmännisch sehr tüchtig konnte er zunächst Schulden abbauen und wirtschaftliche Gewinne erzielen. Wie die weltlichen Konkurrenten, und nicht im Sinne der geistlichen Aufgaben der Kirche, betrieb er Pflanzungen, in denen er, wie damals dort üblich, Sklaven einsetzte. Seine Produkte, Zucker und Kaffee, verkaufte er dann nach Frankreich, um die Schulden seiner Mission abzutragen. Diese für einen Ordensmann sehr freizügigen wirtschaftlichen Aktivitäten trugen ihm 1752 eine Anklage wegen unerlaubter Handelstätigkeit ein. Da sich der Vertreter des Königs in Martinique für La Valette einsetzte, blieb dieser dort zunächst weiterhin aktiv. Aber den bisher so erfolgreichen Handels- und Kirchenmann traf bald eine anhaltende Pechsträhne. Seuchen rafften seine Arbeiter hinweg, englische Seeräuber kaperten die für Frankreich bestimmten Waren, und der wichtigste Kreditgeber machte wegen des französisch-englischen Krieges Bankrott. So konnte La Valette nichts mehr verkaufen, seine Schulden häuften sich immer mehr an. Wenn auch der Jesuitenbesitz diese Schulden bei weitem überstieg, so versäumte man, alles aufzuwenden, um die Schulden zu bezahlen. Deshalb nahm das Unheil seinen Lauf, da die Gegner des Ordens hier einen Hebel ansetzen konnten, um der Gesellschaft Jesu schwer zu schaden.

Obwohl sie wissen mußten, welcher Haß ihnen bei den führenden Schichten in vielen Ländern und auch in Frankreich entgegenschlug, stellten sich die Jesuiten auf den Standpunkt, La Valette habe selbständig agiert und man könne den Gesamtorden nicht für dessen Schulden heranziehen, während das Konsulargericht von Paris 1760 den vom General straff geleiteten Jesuitenorden als ganzes haftbar machte.

Angesichts der seit langem bekannten, ausgeprägten und erbitterten Gegnerschaft des Pariser Parlaments gegen die Societas Jesu erscheint es heute unverständlich, daß der Pariser Provinzial ohne Befragung des Generals und der anderen Provinziale beim höchsten Gericht in Paris als der obersten Instanz Einspruch gegen das Urteil einlegte. Damit war der Untergang des Ordens in Frankreich besiegelt, denn das von den Jansenisten, den alten Feinden des Ordens, beherrschte Parlament von Paris, das einst nur unter Zwang die vom König befohlene Bestätigung der Gesellschaft Jesu registriert hatte, wiederholte nicht nur das Urteil der unteren Instanz, sondern sah jetzt die günstige Gelegenheit gekommen, allgemein gegen den Orden und seine Aktivitäten vorzugehen. Die Richter ließen alles zusammentragen, was je an Vorwürfen gegen die Gesellschaft Jesu erhoben worden war, und scheuten nicht vor einseitiger Beurteilung, manipulierten Übersetzungen, maßlosen Übertreibungen und sogar Fälschungen zurück, um gegen den Orden rigoros einschreiten zu können. Es bildete sich hier eine entschlossene Koalition von Jansenisten, Gallikanern, Aufklärern und Atheisten, die von Choiseul, dem wichtigsten Minister, einem erklärten Jesuitenfeind und Freimaurer, und der einflußreichen Mätresse Ludwigs XV., Madame de Pompadour, tatkräftig unterstützt wurde. Die Jesuiten hatten die mächtige Dame nämlich sehr verärgert, als die Hofbeichtväter ihr wegen ihres Lebenswandels die Absolution bei der Beichte sowie die Kommunion verweigert hatten.

Das Parlament befand, daß die internationale Struktur des Ordens nicht mit der Landesverfassung vereinbar sei und daß die Jesuiten die gallikanischen Freiheiten nicht respektierten. Außerdem bestimmten sie, 24 Werke von Jesuiten verbrennen zu lassen, da dort der Tyrannenmord verteidigt werde. Hierauf verbot das Parlament dem Orden jeglichen Unterricht und ordnete 1761/62 die Schließung aller Jesuitenschulen – immerhin etwa 80% aller Gymnasien für Jungen – an, obwohl sich die überwältigende Mehrheit der französischen Bischöfe für deren Erhalt aussprach.

Es half nichts mehr, daß viele französische Jesuiten versuchten, durch Kompromisse dem Gegner entgegenzukommen. Das Parlament von Paris fällte mit großer Mehrheit das Urteil, der Orden widerspreche dem Naturrecht und sei ein Gegner der französischen Rechtsordnung. Deshalb befahl es, alle seine Häuser schließen und beschlagnahmen zu lassen und ordnete die Auflösung der Gesellschaft Jesu in Frankreich an. Hierauf erließen die Provinzparlamente ähnliche Urteile. König Ludwig XV., der eigentlich dem Orden gegenüber nicht feindlich eingestellt war, bestätigte, bearbeitet von verschiedenen Seiten, am 1. Dezember 1764 das Verbot des Ordens in Frankreich, der dort damals 2900 Mitglieder zählte. Michel Antoine weist nach, daß sich die Monarchie des Bourbonenstaates damit selbst einer ihrer wichtigsten Stützen beraubte und zu ihrem späteren Untergang in der Revolution beitrug.

Schon vor der Auflösung in Frankreich hatte der mächtige Minister Pombal, Freimaurer und Jesuitenfeind, die Gesellschaft Jesu aus Portugal vertreiben lassen. Er warf ihnen vor, beim Guaranikrieg in Paraguay mit den Indios gemeinsame Sache gegen Portugal gemacht zu haben und in ein Attentat auf König Joseph I. verwickelt gewesen zu sein. Die Patres und Fratres wurden seit 1757 verfolgt und schließlich 1760 alle aus Portugal und seinen Kolonien vertrieben oder in unterirdischen Kerkern eingesperrt, wo viele starben. In Spanien bereitete man heimlich unter der Führung des antikirchlich eingestellten Ministers Aranda die Ausweisung vor, der König Karl III. nach langer Bearbeitung durch ein Dekret am 27. Februar 1767 zustimmte. Alle Jesuiten wurden hierauf verhaftet und deportiert. Ähnlich erging es der Gesellschaft Jesu 1767 in Neapel und 1768 in Parma. In Lateinamerika vertrieb man 1768 ohne gerichtliche Untersuchung alle Jesuiten, etwa 2617 an der Zahl, und deportierte sie nach Europa. Mindestens 600 kamen dabei um.

Nach diesen Vernichtungsaktionen arbeiteten die bourbonischen Höfe mit großer Energie darauf hin, den Gesamtorden aufheben zu lassen. Der greise Papst Klemens XIII. weigerte sich entschieden, dies zu tun, erlitt jedoch am 2. Februar 1769 einen Schlaganfall und starb. Dieser Tod bot den weltlichen Mächten die Möglichkeit, im Zentrum der Kirche, in Rom, anzusetzen und auf die Papstwahl Einfluß zu nehmen. Der neue, schwächliche Papst Klemens XIV. wurde nun durch Verlockungen, Drohungen und Militäraktionen gefügig gemacht. Besonders rigoros ging der spanische Gesandte Moñino, ein erbitterter Jesuitenfeind, vor. Schließlich unterzeichnete das Kirchenoberhaupt am 21. Juli 1773 das Breve zur Aufhebung der Gesellschaft Jesu in der Hoffnung, durch diesen Schritt „den wahren und dauernden Frieden der Kirche wiederherzustellen" und mit den durch die Aufklärung bestimmten katholischen Mächten wieder erträgliche Beziehungen anzuknüpfen. Diese sahen jedoch in der Vernichtung der internationalen Gesellschaft Jesu einen Sieg der Aufklärung und des Staatskirchentums. Die Regierungen verwendeten die Güter und das Vermögen der Jesuiten für Bildungs-, aber auch für viele andere weltliche Zwecke. Gleichzeitig wurden der Ordensgeneral und die Assistenten unter massivem Druck der weltlichen Mächte in der Engelsburg in Rom eingekerkert.

Während viele Exjesuiten vor allem im Heiligen Römischen Reich als Pfarrer und zunächst auch als Gymnasiallehrer weiterhin tätig sein konnten, blieb der Orden im Preußen Friedrichs II. noch bis zum 2. Dezember 1775 bestehen. Im orthodoxen Rußland wurde die Gesellschaft Jesu überhaupt nicht aufgelöst, da die Zarin Kartharina die Große die Verkündigung des päpstlichen Breves in ihrem Reich verbot.

## VII. Der Orden von der Wiederherstellung 1814 bis 1917

### 1. Die Wiederbegründung der Gesellschaft Jesu 1814 und ihr schwieriger Neuanfang

Dank der Entscheidung der russischen Kaiserin Katharina II., die Gesellschaft Jesu in ihrem Reich nicht aufzulösen und das päpstliche Breve nicht zu veröffentlichen, blieb der Jesuitenorden im orthodoxen Rußland erhalten, wo die Patres für die katholische Minderheit ihre Kollegien mit stillschweigendem Einverständnis des Papstes weiterführten und für eine gewisse Kontinuität sorgten. Aufgrund der Erfahrungen mit der Revolution, dem Terrorregime Robespierres und dem Verbot des Christentums in Frankreich sowie den Folgen der Säkularisation in weiten Teilen Europas sahen die Kurie und manche Monarchen die Jesuiten bald wieder in einem sehr positiven Licht. Deshalb ermöglichten Pius VI. (1775–1799) und besonders Pius VII. (1800–1823) die langsame Wiederbegründung der Gesellschaft Jesu in kleinen Schritten. Auf Wunsch des Herzogs Ferdinand von Parma konnte dort schon 1793 ein Noviziat der Jesuiten errichtet werden. Dafür bat er Zarin Katharina II. um Entsendung von drei Patres. Daraufhin kamen von verschiedenen Seiten Bitten, der Papst möge die Societas Jesu wiederherstellen, so aus den österreichischen Niederlanden, aus Wien, aus Polen und dem Heiligen Römischen Reich.

Hierauf erkannte Pius VII. durch das Breve „Catholica Fidei" als ersten Schritt am 7. März 1801 den Orden in Rußland offiziell an. Bald darauf bestätigte er die Gesellschaft Jesu 1803 in England und Irland, 1804 in Neapel und Sizilien sowie 1805 in den Vereinigten Staaten. Gleichzeitig gründete der Orden neue Missionsstationen im Kaukasus, an der Wolga und in Sibirien. Die Entwicklung wurde allerdings gebremst, weil Napoleon I. in der Nacht vom 5. auf den 6. Juli den Papst gefangennehmen, später nach Savona und schließlich nach Paris bringen ließ. Erst als Pius VII. nach fünfjähriger Gefangenschaft am 24. Mai 1814 wieder in Rom einziehen konnte, war der Weg für die offizielle Wiedergründung der Gesellschaft Jesu frei. Trotz mancher politischer Widerstände stellte Pius VII. am 7. August 1814, am Oktavtag des Ignatiusfestes, ohne Rücksicht auf die Gegner durch die Bulle „Sollicitudo omnium Ecclesiarum" den Orden wieder her. Er verkündete diese Bulle in Anwesenheit von 18 Kardinälen und etwa 100 noch aus der Zeit vor 1773 stammenden Exjesuiten in der Kirche *Il Gesù*.

1814 konnte der Orden, der 1773 etwa 23 000 Mitglieder gezählt hatte, mit einer kleinen Schar von 600 wieder beginnen. 1830 waren es etwa 2000 Mitglieder. Da die Wiederbegründung der Gesellschaft Jesu von Kräften der Restauration nach all den schlechten Erfahrungen der Kirche während der Revolutions- und Napoleonszeit betrieben worden war, sah man die Jesuiten von Anfang an als geistige Kraft des Bewahrens, der Ruhe und der Ordnung an, und sie waren dies auch. Die Jesuiten traten nämlich, den Förderern und Wiederbegründern verpflichtet, für eine konservative Politik in Kirche und Staat ein und wurden vielfach zum Bollwerk für den Schutz des Bündnisses von Thron und Altar. So fehlte der Gesellschaft Jesu vielfach die Selbständigkeit und innere Freiheit, die sie trotz Förderung durch die Fürsten vor 1773 auszeichnete. Während im 16. und 17. Jahrhundert die Kollegien und Unternehmungen des Ordens durch hohe Dotationen der Fürsten und Monarchen gefördert bzw. ermöglicht wurden, war dies jetzt meist nicht mehr der Fall. Trotzdem knüpfte man an die alten Aufgaben und früheren inneren Strukturen an und gründete wieder möglichst viele Kollegien.

## 2. Der Aufschwung unter dem General Roothaan und seinen Nachfolgern

Die Gesellschaft Jesu erlebte unter dem aus den Niederlanden stammenden Ordensgeneral Philipp Roothaan (1829–1853) einen großen Aufschwung. Geboren am 23. November 1785 in Amsterdam, trat dieser 1804 in Rußland in den Jesuitenorden ein, wurde aber 1820 zusammen mit den 357 Mitbrüdern aus Rußland ausgewiesen. Die von der Zarin Katharina in ihrem Reich am Leben gehaltene Gesellschaft Jesu war dort in Ungnade gefallen; das Ansehen und der Erfolg der Jesuitenschulen erregten Eifersucht, der Übertritt einiger hochadliger Schüler zum Katholizismus Verärgerung. Roothaan kam zunächst nach Brig in die Schweiz, wo er sich vor allem der Volksmission widmete. Nach dem Tod des Generals Aloysius Fortes wurde der erst 44 Jahre alte P. Roothaan zum Generaloberen gewählt. Es handelte sich um einen ruhigen, umsichtigen, eifrigen Mann, einen ausgezeichneten Prediger und Organisator. Er gilt als Begründer der inneren Konsolidierung der Gesellschaft Jesu.

Da er die Gefahren sah, die durch einen schnellen, aber wenig fundierten äußeren Wiederaufbau des Ordens entstehen konnten, strebte er die innere Konsolidierung der Gesellschaft Jesu, die Vertiefung der Spiritualität im Orden und die Pflege der Wissenschaft durch die Jesuiten an. Er stellte die Exerzitien des Ignatius ins Zentrum der geistlichen Bildung seiner Ordensleute. Wegen der schlechten finanziellen Lage bat er den Papst, die Bestimmungen über den kostenlosen Unterricht und die Unentgeltlichkeit der Messen etc. aufzuheben, außerdem modernisierte er 1832 die Studienordnung. Die Gesellschaft Jesu öffnete sich auch wieder der Weltmission, seit 1834 in Indien, 1838 bei den Indianern in Amerika und seit 1841 in China. 1844 gab es zwölf Provinzen und zwei Vizeprovinzen, die in vier Assistenzen zusammengefaßt waren. Die Jesuiten betreuten drei Profeßhäuser, 53 Kollegien, 49 Seminarien, 24 Noviziate und Tertiate, 65 Residenzen, 37 Missionsstationen, zwei Exerzitienhäuser und erreichten eine

Mitgliederzahl von 4136, eine Zahl, die sich während des Generalats von Roothaan noch auf 5200 erhöhte.

Nachfolger als Ordensgeneral wurde bis 1887 der belgische Pater Petrus Bechx, der vor allem die Maßnahmen und die Politik seines Vorgängers weiterführte und die Mitgliederzahl von 5209 auf 11480 erhöhen konnte. Nach seinem Tod im Alter von 93 Jahren wählte die Generalkongregation 1888 den Assistenten der deutschen Assistenz P. Antonius Anderledy zu seinem Nachfolger, der sich besonders der Erziehung der Jugend widmete, sich gegen „Verweichlichung" und „Veräußerlichung" aussprach und versuchte, die vielfältigen Tätigkeiten des Ordens auf die wesentlichen Ziele (Kollegien, spezielle Seelsorge, Volksmission, Wissenschaft, Presse) zu konzentrieren. Der von ihm am Ende seines Lebens 1892 berufene Generalvikar Luis Martin, ein relativ junger Spanier, wurde am 2. Oktober jenen Jahres zum neuen Oberen gewählt. Es handelte sich um einen lebhaften, heiteren Südländer und besonderen Förderer der Geschichtsschreibung (Monumenta Historica Societatis Jesu), unter dessen Generalat der Orden mit einer Mitgliederzahl von 15073 ins 20. Jahrhundert eintrat. Es ist bemerkenswert, daß die Gesellschaft Jesu, als konservatives Bollwerk und aus liberaler Sicht unzeitgemäßer Orden, als Vorkämpfer des Papsttums und des „Ultramontanismus" (Gesinnung, die die geistliche Autorität des jenseits der Berge [ultra montes = Alpen] residierenden Oberhauptes der katholischen Kirche besonders betonte), trotz der im nächsten Kapitel zu schildernden Anfeindungen, Verfolgungen und Ausweisungen durch liberale und protestantisch bestimmte Regierungen einen so großen, kontinuierlichen Mitgliederzuwachs verzeichnen konnte. Dies gilt auch für die deutsche Provinz des 1872 aus dem Reich ausgewiesenen Ordens, die damals im Exil aus den norddeutschen, zu Preußen gehörenden Gebieten besonders viele neue Jesuiten aufnehmen konnte.

## 3. Der Orden in der Zeit von Kirchen- und Kulturkampf

Der 1814 neu gegründete Jesuitenorden war schnell wieder zur romtreuen besonderen Einsatztruppe des Papstes zur Durchsetzung streng kirchlicher Interessen geworden. Einerseits galt er deshalb aus katholischer Sicht zunehmend als Elite und als Kämpfer für Rechtgläubigkeit, Kirche und Papsttum. Andererseits wurde die Gesellschaft Jesu von Protestanten, Liberalen, Freimaurern und Antiklerikalen als besonders gefährliche ultramontane Negativerscheinung betrachtet. Jesuiten galten bei ihnen als finstere, verschlagene, heuchlerische, geldgierige, doppelzüngige und vaterlandslose Gestalten. „Jesuitisch" wurde zum Schimpfwort, und der weitverbreitete Antijesuitismus des 19. Jahrhunderts erinnert an den Antisemitismus dieser Zeit. Ein treffliches Beispiel für das in der Öffentlichkeit und den Medien gepflegte Negativbild von den Jesuiten ist die „allegorische Geschichte" „Pater Filucius", die der sehr populäre Schriftsteller Wilhelm Busch im Jahr 1872 veröffentlichte, in dem Jahr, als Reichskanzler Bismarck im Rahmen des „Kulturkampfes" gegen die katholische Kirche die Jesuiten aus dem Deutschen Reich auswies.

Da der „Kulturkampf" nicht nur im Deutschen Reich, sondern in fast ganz Europa und in großen Teilen Amerikas stattfand, war die Geschichte des Jesuitenordens im ganzen 19. Jahrhundert geprägt von immer neuen Ausweisungen, Verfolgungen und Verboten, die je nachdem, welche politischen Formationen in den entsprechenden Ländern die Macht innehatten, den Orden mehr oder minder schwer trafen.

Die Gesellschaft Jesu wurde wieder zunehmend als gefährliche, kämpferische katholische Elite angesehen. Schon 1820 wurde sie in dem von orthodoxer Kirche und zunehmendem Nationalismus bestimmten Rußland verboten, nachdem sie nach der Auflösung des Ordens 1773 gerade in Litauen, das zu Rußland gehörte, überlebt hatte. Besonders heftig gestaltete sich die Verfolgung jedoch während der Revolution in Spanien 1820 bis 1823, wo man, ähnlich wie das im 14. Jahrhundert gegenüber den Juden geschah, die Bevölkerung auf-

Pater Luzi aber schleichet
Heimlich lauschend um das Haus.
Ein pechschwarzes Ei der Rache

Brütet seine Seele aus.

Szene aus „Pater Filucius" von Wilhelm Busch, 1872

hetzte mit dem Gerücht, die Jesuiten hätten durch Brunnenvergiftung die Choleraepidemie verschuldet. Damals kam ein Fünftel der spanischen Jesuiten um. Die Überlebenden wurden vertrieben. Nach vorübergehender Rückkehr erfolgte 1835 die erneute Ausweisung. Als 1851 ein Konkordat abgeschlossen wurde, konnten die Jesuiten nach Spanien zurückkehren, wurden aber 1868 wieder ausgewiesen und 1875 erneut zugelassen. Auch in Mexiko, das im 19. Jahrhundert zeitweise besonders durch Kirchenkampf und antiklerikale Politik geprägt war, hatte es der Orden schwer. Nach Ausweisung 1821 kehrte er 1853 zurück, wurde 1855 erneut vertrieben, um 1863 für zehn Jahre wieder zurückzukehren, 1873 ausgewiesen und 1877 erneut zugelassen. Ein ähnliches Hin und Her gab es je nachdem, wer politisch das Sagen hatte, auch in Frankreich. Nach dem Verbot von 1832 unter dem Bürgerkönig Louis Philippe kehrten die Jesuiten bald wieder zurück. Als 1880 in der Dritten Republik die laizistischen Kräfte immer stärker wurden, hob man die Jesuitenkollegien auf; die Gesellschaft Jesu kam jedoch mit der Zeit wieder und gründete Kollegien, die ihr 1901 angesichts der sich anbahnenden strikten Trennung von Kirche und Staat entzogen wurden.

Vertreibungen gab es auch in Belgien 1825, als dieses Land vom protestantisch bestimmten Holland aus regiert wurde, 1838 in Portugal, 1843 in Argentinien, 1847 in der Schweiz, wo das Verbot formal sogar bis 1973 galt, 1848 in Revolutionszeiten kurzfristig in Österreich, in Rom und großen Teilen Italiens, 1850 in Kolumbien, 1852 in Ecuador, 1866 im Veneto, 1871 in Guatemala, 1872 im Deutschen Reich, 1881 in Nicaragua, 1884 in Costa Rica usw.

Das Jesuitenverbot im Zweiten Deutschen Kaiserreich, das 1872 im Rahmen der Kulturkampfmaßnahmen Bismarcks erlassen und erst 1917 aufgehoben wurde, lag, so kann man feststellen, in einem allgemeinen Trend; denn der Antijesuitismus war damals bei den liberalen, aber auch den linken politischen Formationen, den meisten Protestanten, den Freidenkern und Freimaurern in der ganzen Welt verbreitet. Trotzdem ist es in diesem Zusammenhang von Interesse, die Entwicklung in Deutschland genauer zu betrachten.

Nachdem Deutschland – trotz aller paritätischen Bestimmungen – wegen der Mehrheit im Kurkolleg und wegen des habsburgischen Kaisertums ein katholisches Übergewicht gehabt hatte, wurde es durch den Reichsdeputationshauptschluß von 1803 von einem katholischen zu einem protestantischen Land, ohne daß jemand konvertierte. Ein Großteil der katholischen Untertanen (von geistlichen Territorien u. a.) kam nämlich unter die Herrschaft protestantischer Dynastien. Außerdem wurden den überwiegend auf dem Land lebenden Katholiken durch die Säkularisation und Beseitigung aller

Klöster ohne genügenden Ersatz die Kultur-, Bildungs- und Schulzentren genommen, so daß ein zunehmendes katholisches Bildungsdefizit entstand, das sich später durch viele Benachteiligungen im Kulturkampf verstärkte. So mußte ein Katholik, abgesehen von den wenigen Konkordatslehrstühlen, in der Regel seinen Glauben aufgeben, wenn er im Kaiserreich nach 1870 Universitätsprofessor werden wollte. An verschiedenen norddeutschen Universitäten (Halle, Königsberg) war bis 1918 in den Statuten festgelegt, daß keine Katholiken angestellt werden dürften.

Die katholische Kirche reagierte auf die Situation nicht mit dem Versuch, durch Modernisierung der eigenen Lehre oder Anpassung an den von den Liberalen geprägten Zeitgeist, in Universität und Bildung Terrain zu gewinnen, sondern durch Abschottungsmaßnahmen. Man versuchte teilweise sogar, die Gläubigen vom Studium in den liberal und protestantisch bestimmten Universitäten abzuhalten. Der Papst hatte, nicht ohne aktives Zutun der Jesuiten, 1864 der Enzyklika „Quanta cura" eine Aufstellung („Syllabus") der aus katholischer Sicht wichtigsten „Zeitirrtümer" beigegeben und diese ausdrücklich verurteilt, darunter den Pantheismus, Naturalismus, Rationalismus, Indifferentismus, Sozialismus, Kommunismus, aber auch „Irrtümer" des „Liberalismus" herausgestellt.

Die kirchliche Verurteilung der „Zeitirrtümer" im „Syllabus", der von den Jesuiten verteidigt wurde, verschärfte die Gegnerschaft der verurteilten Strömungen und Gruppierungen gegen das Papsttum, die Jesuiten und die katholische Kirche allgemein. Sie kämpften gegen katholische Intoleranz, Engstirnigkeit und die vehement verteidigte Lehre, ohne allerdings selbst dieser andersartigen Weltanschauung gegenüber tolerant zu sein. Die Stimmung wurde durch das Erste Vatikanische Konzil (1869/70) und die Verkündigung des von den Jesuiten geforderten Unfehlbarkeitsdogmas angeheizt, das in Deutschland auch von vielen Katholiken und der Mehrheit der Bischöfe ursprünglich abgelehnt wurde und zur Abspaltung der Altkatholischen Kirche führte. Obwohl dieses Dogma sich auf die Verkündigung von zentralen gesamtkirchlichen Lehrsätzen, die der Papst „ex cathedra" nach Konsultation der Weltkirche festlegt (seit 1870 zweimal geschehen), bezieht, wurde dieser Konzilsbeschluß vor allem von den Kirchengegnern zu weitgehend und auch die politischen Fragen betreffend interpretiert. Man befürchtete eine Art Fernsteuerung der Katholiken durch ein ausländisches Kirchenoberhaupt. Dies erschien gerade in einer Zeit des stark ausgeprägten Nationalismus unerträglich. Waren nämlich die Protestanten, deren geistliches Oberhaupt bis 1918 aufgrund des Summepiskopats der Monarch war, über jeden Verdacht mangelnder nationaler Loyalität erhaben, so wurden die Katholiken zunehmend diesem Verdacht ausgesetzt. Vielfach wurden sie als „undeutsch" und „ultramontan" gescholten. Als führende Repräsentanten dieses papsttreuen, romhörigen, ultramontanen und „undeutschen" Geistes galten – nicht zu Unrecht – die Jesuiten, die weltweit zentralistisch organisiert, vom Ordensgeneral in Rom autoritär geleitet wurden und sich durch ein eigenes viertes Gelübde zum Gehorsam dem Papst gegenüber verpflichtet hatten. Angesichts dieser Rolle als besonderer Elite des „ultramontanen" Katholizismus war es aus der Sicht der Kulturkämpfer konsequent und erforderlich, die Jesuiten zu verbieten im damals heftig tobenden Kampf gegen die deutsche Minderheitskirche, der etwa 30% der Bevölkerung in Deutschland angehörten. Damals wurden zeitweise ein großer Teil der katholischen Bischöfe und viele Priester, besonders in Preußen oder Baden, entlassen, verbannt oder eingesperrt.

Nachdem das Deutsche Reich durch das Jesuitengesetz vom 4. Juli 1872 die Gesellschaft Jesu auf Reichsgebiet verboten und alle ihre Häuser und Niederlassungen aufgehoben hatte, verließen mehr als 775 Jesuiten Deutschland. Während der Orden die Ausbildungsstätten für den deutschen Nachwuchs in die Niederlande und nach Österreich verlegte, gingen die vertriebenen Patres in die USA, nach Brasilien und in die Mission. Wenn deutsche Jesuiten auch schon Ende des 19. und Anfang des 20. Jahrhunderts als Einzelpersonen wieder aktiv werden konnten, so wurde das Verbot erst 1917 endgültig aufgehoben, nachdem sich viele Jesuiten als Feldgeistliche und Krankenpfleger am Krieg beteiligt hatten.

## 4. Die apostolische Tätigkeit im 19. Jahrhundert

Nach 1814 nahmen die Jesuiten ihre früheren apostolischen Tätigkeiten wieder auf. Sie hielten Exerzitien nach Anleitung ihres Ordensgründers ab, gründeten Kollegien in verschiedenen Teilen der Welt und betrieben Volksmissionen in den Pfarreien, um dort den Glauben zu vertiefen. Gleichzeitig leisteten sie wieder intensive Missionsarbeit bei den Indianern in Amerika, ferner in Indien und in China. Sie widmeten sich besonders der Theologie. So repräsentierten Jesuiten wie Giovanni Perrone, Josef Kleutgen, Clemens Schrader und Johannes Franzelin die „Römische Schule", welche die dogmatische Theologie im Gegensatz zur ungeschichtlich vorgehenden Neuscholastik stärker historisch anzusiedeln suchte. Die Societas Jesu unterhielt besondere Wissenschaftszentren wie die Universität Gregoriana in Rom, seit 1857 die theologische Fakultät in Innsbruck oder seit 1893 das Studienhaus der deutschen Jesuiten in Valkenberg in Holland. Der Orden stellte bedeutende Exegeten wie Joseph Knabenbauer, aber auch Gelehrte anderer Disziplinen wie den Astronomen Angelo Secchi oder den Biologen Erich Wasmann. Auch auf dem Gebiet der Publizistik waren die Jesuiten aktiv. So gaben sie seit Mitte des 19. Jahrhunderts Zeitschriften heraus, wie die „Etudes" in Paris, die „Civiltà Cattolica" in Rom, die „Stimmen aus Maria Laach" bzw. „Stimmen der Zeit" in München.

Ähnlich wie in den Jahrhunderten vor 1773 betreute man wieder intensiv die Marianischen Kongregationen, die wesentlich zur vertieften Religionsausübung und Frömmigkeit der Jugend und weiterer Kreise der Bevölkerung beitrugen. Von 1853 bis 1872 leitete z.B. die deutsche Provinz 52 Marianische Kongregationen mit 16728 Sodalen (Mitgliedern). In der Seelsorge konnten die Patres teilweise an die Tätigkeit von Exjesuiten anknüpfen. So leitete P. Rosin nach 1814 eine

schon 1801 gegründete Kongregation in Paris mit 60 Unter-
gruppen. Dort waren 1200 Männer aus sehr einflußreichen
Kreisen zusammengeschlossen, die sich im Dienst am Nächsten betätigten, Katechismusunterricht gaben, Gefängnisse besuchten, Ehefrieden stifteten und in der Öffentlichkeit im
Land der Revolution mit seiner starken laizistischen und anti-
kirchlichen Tradition katholische Grundsätze hochhielten.
Diese Kongregation, die zu einer politischen Größe und zu
einer einflußreichen konservativen Parteiung wurde, zog bald
den Haß der Liberalen und der Freidenker auf sich und wurde
in der Revolution von 1830 vernichtet.

Weltweit betrieben die Jesuiten im 19. Jahrhundert Seel-
sorgewerke und widmeten sich der außerordentlichen, d. h.
außerhalb der Pfarreistruktur durchgeführten Seelsorge. Dabei
versuchte man, die Patres zu guten Predigern und Konferenz-
rednern auszubilden. So gab es in vielen großen katholischen
Städten sehr erfolgreiche Prediger der Gesellschaft Jesu, welche
die Massen anzogen und wesentlich dazu beitrugen, das katholische Leben zu erneuern. Diese Prediger wirkten auch mit
besonderem Eifer in der Volksmission. Bis 1872 führten die
Jesuiten z. B. 1400 solcher Missionen in Deutschland durch. In
den USA hielt der 1848 aus Österreich vertriebene Pater We-
ninger in 800 Missionen unter Zurücklegung von 200 000
Meilen 20 000 Predigten. Dabei konnte er 2000 bis 3000 Menschen zur Konversion zum Katholizismus gewinnen.

Angesichts der zunehmenden Industrialisierung nahmen
sich die Jesuiten auch der katholischen Arbeiterschaft an, die
vielfach ihrer Kirche entfremdet war. Dabei wirkten oft Sodalen der Marianischen Kongregationen bei der sozialen Arbeit
mit, die in den Vorstädten der ganz großen Städte wie Paris,
Madrid oder Wien geleistet wurde. Im 19. Jahrhundert bildete der Antisemitismus kein spezielles Thema der Jesuiten.
Sie wandten sich lediglich da und dort im Rahmen ihres Anti-
liberalismus gegen liberale Juden, die vielfach in antikirch-
lichen Parteien aktiv waren. Mit dem späteren rassistischen
Antisemitismus hatten diese Demarchen aber nichts zu tun.

# VIII. Der Jesuitenorden im 20. Jahrhundert

## 1. Verfolgungen im 20. Jahrhundert –
## Widerstand im Dritten Reich

Obwohl der Orden im 20. Jahrhundert, besonders nach dem Ersten Weltkrieg, einen Aufschwung erfuhr, erlebte er wie im 19. Jahrhundert in verschiedenen Teilen der Welt Verfolgung und Vertreibung. Dies gilt einerseits für die kommunistischen Staaten wie die Sowjetunion, Ungarn, die Tschechoslowakei, Jugoslawien, das Baltikum und Polen, die die katholische Kirche unterdrückten und verfolgten, Priester einsperrten und vertrieben. In diesem Rahmen richteten sich natürlich besondere Verfolgungsmaßnahmen gegen die Gesellschaft Jesu, die zu Recht als besonders effiziente Truppe zur Verteidigung des traditionellen Glaubens und des Papsttums galt. Auch in Mexiko kam es zu blutigen Verfolgungen, bei denen P. Miguel Augustin Pro 1927 hingerichtet wurde, oder in Spanien in der Bürgerkriegszeit, wo sich der Kampf der Linken auch gegen die Jesuiten richtete. In Deutschland andererseits kam die Verfolgung von rechts, nämlich von den Nationalsozialisten.

Wenn auch im Dritten Reich trotz zeitweiliger Versuche, sich mit dem Regime zu arrangieren, die Resistenz der katholischen Kirche relativ groß war und der Kirchenkampf seit der Enzyklika „Mit Brennender Sorge" von 1937 immer schärfer wurde, so stellte gerade der Jesuitenorden mit Patres wie Rupert Mayer, Alfred Delp, Augustin Rösch u. a. besonders markante und eindrucksvolle Vertreter kirchlichen Widerstandes. Dabei ist allerdings nicht zu vergessen, daß, wie eine Studie des Institutes für Zeitgeschichte zeigt, von 1938 bis 1945 allein im KZ Dachau 2700 Geistliche, nämlich 2579 katholische Priester sowie 141 protestantische und orthodoxe Kirchenleute eingesperrt waren, von denen mehr als 40% umkamen oder in Hartheim bei Linz vergast wurden. Der Widerstand der Jesuitenpatres reihte sich also in eine breite, einen großen Teil der katholischen Geistlichkeit berührende allgemeinere Resistenz ein.

Nach Ulrich von Hehl wurden zwischen 1933 und 1945 „gut ein Drittel des deutschen Welt- und knapp ein Fünftel des Ordensklerus ... von politisch bedingten Zwangsmaßnahmen des NS-Regimes betroffen". Die Jesuiten gerieten jedoch besonders in die Schußlinie; denn die Nationalsozialisten sahen drei Gruppierungen als besondere innere Feinde des „Großdeutschen Reiches" an, nämlich die „Juden, Jesuiten, Freimaurer". Man wollte mit diesen „Staatsfeinden" spätestens nach dem erwarteten Endsieg abrechnen. Am 23. April 1935 erging z.B. eine geheime Anweisung an die Politische Polizei in München, in der es hieß: „Um die zersetzende und volksaufwiegelnde Tätigkeit der Jesuiten hintanzuhalten und ihnen die Betätigung in Bayern zu verleiden, ist ihrem Auftreten erhöhte Aufmerksamkeit zu widmen. Öffentliche Vorträge sind mit allen Mitteln zu unterbinden ... Staatsabträgliche Äußerungen sind unnachgiebig mit Schutzhaft zu ahnden ... ." So bekam der Orden bald den Terror des Regimes zu spüren, während dieses mit Widerstandsaktionen von Jesuitenpatres konfrontiert wurde, die im folgenden kurz behandelt werden. Als erster katholischer Geistlicher kam Pater Josef Spieker SJ am 1. Mai 1935 in ein KZ, nämlich das KZ Börger Moor im Emsland, während fast gleichzeitig Pater Josef Baumann wegen „Kanzelmißbrauchs" in einem Bamberger Gefängnis eingesperrt wurde. Nach diesem Anfang traf es immer mehr Jesuiten, u.a. den bekannten Oswald von Nell-Breuning sowie die Patres K. Dehne, C. Pereira, O. Pies, B. Schmidt, O. Footter. Knapp 100 Jesuiten kamen ins KZ Dachau, wo z.B. die Patres W. Barkholt, A. Benninghaus und A. Maring starben, andere saßen längere Zeit in diesem KZ und überlebten, die deutschen Patres A. Grimm und Alfred Delp wurden hingerichtet, ebenso der österreichische Pater Johann Steinmayr, der enthauptet wurde. Seinen Mitbruder Johannes Schwingshackl bewahrte nur ein plötzlicher Tod vor gleichem Schicksal. Viele andere Jesuiten saßen im Gefängnis.

Während es im Orden nur wenige jüngere Mitglieder gab, die dem damaligen Zeitgeist gemäß „von der nationalen Revolution Großes erwarteten", war die überwältigende Mehrheit der Societas Jesu in Deutschland und Österreich gegen Hitler. Verschiedene Patres versuchten, durch Schriften gegen das totalitäre Regime zu protestieren und auf den Widerspruch zwischen Christentum und Nationalsozialismus hinzuweisen, etwa Jakob Nötges durch das Buch „Katholizismus und Nationalsozialismus", Pater Walter Mariaux durch das 1940 in London erschienene Werk „The persecution of the Catholic Church in the Third Reich" oder Mitarbeiter der Zeitschrift „Stimmen der Zeit" 1935 durch kleinere Schriften. Diese Zeitschrift veröffentlichte zahlreiche kritische Artikel. Sehr aktiv war im Bereich der Publikationen („Der Gral", „Die Korrespondenz", „Der deutsche Weg") Pater Friedrich Muckermann. Das Regime reagierte mit Verboten, Hausdurchsuchungen, Bücherverbrennungen, Vertreibungen und Verhaftungen.

Zum zweiten betrieben Jesuiten regimekritische Seelsorge und hielten entsprechende Predigten, was den Patres Redeverbot, Post- und Telephonüberwachung, Haft und teilweise den Tod wegen „Wehrkraftzersetzung" einbrachte. Ein dritter Bereich des Widerstandes war der Einsatz für verfolgte Juden, etwa durch die Patres Georg Bichlmair und Alfred Delp. Bichlmair gründete und leitete im Auftrag von Kardinal Innitzer eine „Hilfsstelle für nichtarische Katholiken" in Wien. Nach seiner Verhaftung führte Pater Ludger Born die Hilfsstelle unter abgeänderten Namen weiter. Ab Herbst 1941 wurden dort auch nichtkatholische Juden betreut. Man verschickte zahlreiche Lebensmittelpakete in verschiedene KZs. Als viertes Tätigkeitsfeld jesuitischen Widerstandes diente der „Ausschuß für Ordensangelegenheiten", ein Zentrum kirchlichen Widerstandes, und schließlich als fünftes die Mitarbeit im „Kreisauer Kreis".

Um dies zu veranschaulichen, sollen ein paar Beispiele solchen Widerstandes beschrieben werden. Zunächst ein paar Sätze über den heute noch in München verehrten, 1987 selig gesprochenen Pater Rupert Mayer. 1876 als Sohn eines katholischen Kaufmanns in Stuttgart geboren, studierte er Theologie, war Mitglied katholischer Verbindungen, wurde Vikar und trat 1900 ins Noviziat der Gesellschaft Jesu in Tisis bei Feldkirch (in Österreich) ein, da der Orden in Deutschland noch verboten war. 1912 übernahm er auf Wunsch Kardinal Bettingers in München die Seelsorge für die „Zuwanderer", d.h. meist aus Landgebieten kommende katholische Arbeiter und Arbeiterinnen. Im Ersten Weltkrieg war er Feldgeistlicher und setzte sich dabei vielen Gefahren aus. Ein Soldat berichtete später von ihm: „Wenn irgendein Angriff los war, dann war der gute Feldpater immer mit vorne ... Unser Pater hat ganz vorne Gottesdienst gehalten, hat die Sterbenden versehen, die Verwundeten mit zurücktragen helfen ..." Angesichts dieses Einsatzes war es nicht verwunderlich, daß den mutigen Rupert Mayer eine Granate traf, die ihm das linke Bein zerfetzte. Der hochdekorierte Pater war seitdem auf eine Prothese angewiesen.

Im Jahre 1921 wurde Rupert Mayer Präses der Marianischen Männerkongregation in München und wirkte als „Männerapostel". Seine unerschrockenen, regimekritischen Predigten erregten schon 1934 Widerwillen, und seit 1935 wurde er scharf überwacht. Mayer mußte sich dann 1936 wegen seiner kritischen Worte bei der Gestapo rechtfertigen und wurde vom Staatsanwalt verwarnt. Am 7. April 1937 erteilte ihm das Reichssicherheitshauptamt in Berlin Redeverbot wegen „staatsabträglicher Reden", am 5. Juni wurde er verhaftet und ins Gefängnis gesperrt, wo ihn Kardinal Faulhaber demonstrativ besuchte. Im Sommer verurteilte ihn ein Sondergericht wegen „Kanzelmißbrauchs" und Verstoßes gegen das „Heimtückegesetz" zu sechs Monaten Haft. Der „Völkische Beobachter" berichtete darüber in einem Artikel mit der Überschrift „Jesuitenpater vor Sondergericht. 6 Monate Gefängnis für hetzerische Kanzelreden". Als Mayer am 26. Dezember 1937 wieder zu predigen begann, das Regime kritisierte und Rechte der Menschen und der Kirche einforderte, wurde er am 5. Januar 1938 erneut verhaftet, und zwar wegen Nichtbeachtung des Predigtverbots. Der Strafgefangene Nr. 9469 in Landsberg erhielt wieder Besuch von Kardinal Faulhaber. Nach Abbüßung seiner Haftstrafe folgte am 3. November 1939 die Verhaftung, dieses Mal wegen Verdachts, mit der Widerstandsgruppe „Monarchische Bewegung" konspiriert zu haben. Hierauf lieferten die Machthaber den 65jährigen Kriegsversehrten ins KZ Sachsenhausen-Oranienburg bei Berlin ein. Da sie nicht einen in Bayern so populären Geistlichen zum Märtyrer machen wollten, ließen die NS-Gewaltigen 1940 den gesundheitlich schwer angeschlagenen Pater nach Ettal bringen, wo er bis Kriegsende unter Hausarrest stand. Nach seiner Rückkehr nach München 1945 und der Wiederaufnahme seiner Tätigkeit starb er bei einer Predigt und wurde von Zehntausenden zu Grabe getragen.

Eine wichtige Rolle im Widerstand gegen den Nationalsozialismus spielten vor allem auch die drei Jesuiten Rösch, Delp und König in München. Im Zentrum stand der Oberpfälzer Pater Augustin Rösch (1893–1961), der seit 1935 Provinzial der Oberdeutschen Provinz und somit der Ordensobere der ca. 300 Jesuiten in Süddeutschland und in der Schweiz war. Der hochdekorierte ehemalige Frontoffizier, willensstark und taktisch geschickt, war nach dem Urteil von Eugen Gerstenmaier „der stärkste Mann des Katholizismus in Deutschland". Es gab, wie R. Bleistein betont, „zwischen 1941 und 1944 keine kirchliche Aktivität im katholischen Widerstand, die nicht von ihm angeregt, beraten oder mitgetragen worden wäre. Durch ihn kam 1941 auch der folgenreiche Kontakt der Jesuiten mit dem Kreisauer Kreis zustande". Rösch war es auch, der 1941 den Anstoß bei der Fuldaer Bischofskonferenz gab, den „Ausschuß für Ordensangelegenheiten" zu gründen.

Im Kampf gegen die Nationalsozialisten war der aus Stuttgart stammende Lothar König (1906–1946) sein engster Mitarbeiter und Berater. König wirkte vor allem im Hintergrund als Verbindungsmann, Kurier und Formulierer von Texten des Kreisauer Kreises. Der dritte, Pater Alfred Delp (1907–1945), war ein „sprachmächtiger Denker" aus Lampertheim bei Mannheim, philosophisch interessiert, mit Ideen einer sozialen Gesellschaft, ein Intellektueller mit religiöser und ökumenischer Offenheit.

Die drei Patres bildeten in der Zeit von 1941 bis 1944 „eine Zentrale des Widerstandes in München", die auf zwei Gleisen wirksam wurde, die viele Querverbindungen aufwiesen: auf einem kirchlichen Gleis, dem „Ausschuß für Ordensangelegenheiten", und einem politischen, dem „Kreisauer Kreis". Anlaß für die Gründung des „Ausschusses" war die Beschlagnahmung von mehr als 200 Klöstern und Ordensniederlassungen durch die Gestapo im Jahre 1941. Als Gegenaktion wurde ein Gremium von Bischöfen gegründet, dem beratend neben zwei Dominikanern und einem Laien die zwei Jesuiten Rösch und König angehörten. Sie bemühten sich vor allem, die katholischen Bischöfe auf einen Konfrontationskurs gegen den Nationalsozialismus zu führen. Auf ihr Betreiben hin entstanden drei Texte der deutschen Bischöfe, der sogenannte Menschenrechtshirtenbrief, der dann aber wegen des Einspruchs von Kardinal Bertram nicht von den Kanzeln verlesen wurde, ferner die scharfe Protestdenkschrift, die am 12. Dezember 1941 der Reichsregierung übergeben wurde (gleichzeitig mit der Beschwerde der evangelischen Kirche), und der Dekaloghirtenbrief, der die Einhaltung der Zehn Gebote einklagte. Dieser enthielt eine sehr scharfe öffentliche Verurteilung des nationalsozialistischen Unrechts.

Gleichzeitig mit der Koordinierungstätigkeit, die unter großen Gefahren wirksam durchgeführt wurde, schafften es die drei Jesuiten, eine Informationszentrale in München auf die Beine zu stellen, die Nachrichten über Unterdrückungsmaßnahmen, Verhaftungen und Verfolgungen zusammenstellte und diese Informationen an Pater Robert Leiber, den Beichtvater von Papst Pius XII., weiterleitete.

Parallel zu diesen Aktivitäten erfolgte die Mitarbeit beim Kreisauer Kreis, der sich seit 1940 unter der Federführung von Helmuth James von Moltke und Peter Graf von York von Wartenburg gebildet hatte, und dem Personen aus den verschiedensten gesellschaftlichen Schichten und unterschiedlichen Weltanschauungen angehörten: mehrere Adlige, die SPD-Politiker Reichwein, Mierendorff und Julius Leber, die Zentrumsleute Hans Lukascheck und Hans Peters, der evangelische Theologe Eugen Gerstenmaier u. a. Der Kreis, der einen Entwurf für eine Neuordnung der Gesellschaft erarbeitete, die im Gegensatz zum Unrechtsstaat der Nationalsozialisten ein christliches Weltbild zur Grundlage haben sollte, stand in Verbindung mit Kardinal Faulhaber (München), Bischof Preysing (Berlin) und dem evangelischen Landesbischof Wurm (Württemberg), mit dem Gewerkschaftswiderstandsführer Wilhelm Leuschner sowie der militärischen Widerstandsgruppe um Claus Graf Schenk von Stauffenberg.

Den Kontakt mit den Jesuiten knüpfte Moltke, der Rösch zur Mitarbeit im Widerstandskreis einlud. Dieser bat Delp um Mitarbeit, der auch gerne dazu bereit war, und König, der ebenfalls mit großem Engagement mitwirkte. Bei der Erarbeitung der Konzeption für den Neuaufbau von Staat und Gesellschaft nach einem Sturz Hitlers hatte vor allem der junge Pater Delp wesentlichen Anteil; denn er gewann, wie M. Pope nachweist, „erheblichen Einfluß auf die gemeinsamen Entwürfe des Kreisauer Kreises". Es gelang ihm damals, den Mitgliedern recht unterschiedlicher Weltanschauung „genuin katholische Auffassungen" zu vermitteln.

Die drei erwähnten Jesuiten bildeten in München ein Aktionszentrum, das auch Kontakte mit anderen Widerstandsgruppen, etwa dem Sperrkreis in München, der katholischen Arbeiterbewegung, mit Offizieren, den katholischen Bischöfen, mit Rom, mit Landesbischof Theophil Wurm und mit dem „Wohlgemuth-Kreis" in Fulda pflegte. Bleistein spricht in diesem Zusammenhang von einem „Netzwerk des Widerstandes", das in München „einen Knoten hatte, der alle Aktivitäten im süddeutschen Raum zusammenband". Dieses Münchner Zentrum war umso wichtiger, da es in Rom in den entscheidenden Jahren des Widerstandes und des Holocaust keinen Jesuitengeneral gab; denn nach dem Tod von Ledóchowsky wurde erst nach dem Krieg im Jahr 1946 ein Nachfolger gewählt.

Für den Widerstand kam 1944 das jähe Ende. Nachdem schon am 16. Januar 1944 Moltke und am 4. bzw. 5. Juli desselben Jahres Leber und Reichwein verhaftet worden waren und das Attentat Stauffenbergs auf Hitler am 20. Juli mißlang, hatten auch die drei Jesuiten Schlimmes zu erwarten. Während Rösch und König untertauchen konnten, wurde Delp am 28. Juli verhaftet, am 6./7. August nach Berlin gebracht und im Gestapogefängnis gefoltert. Am 9. und 10. Januar fand unter Roland Freisler der Prozeß statt, in dem der 38jährige Pater mit Spott und Hohn übergossen wurde. Das Volksgericht verurteilte ihn schon am 11. Januar zusammen mit Moltke und Sperr zum Tode. Er wurde jedoch erst am 2. Februar zusammen mit Goerdeler und Popitz gehängt. Am 11. Januar 1945 hatte er noch geschrieben: „Es sollen einmal andere besser und glücklicher leben, weil wir gestorben sind."

An diesem 11. Januar entdeckte die Gestapo Pater Rösch in seinem Versteck in Hofgiebing bei München, und er wurde ebenfalls nach Berlin ins Gefängnis Lehrterstraße geschafft, war wochenlang Tag und Nacht gefesselt, da man ihn hängen wollte, wurde aber vor dem Einmarsch der Roten Armee in Berlin am 25. April entlassen. Hierauf konnte er nach vierwöchigem schwierigen Fußmarsch nach München zurückkehren. Der dritte im Bunde, Pater König, war wochenlang im Kohlenkeller des Berchmanskollegs in Pullach eingeschlossen und starb am 5. Mai 1946 im Alter von 40 Jahren an Kehlkopfkrebs. Da sie König nicht finden konnte, sperrte die Gestapo statt seiner als Geiseln den Jesuitenpater Franz Xaver Spitzauer ins KZ Dachau und seine Schwester Ingeborg König ins Frauengefängnis Stuttgart-Bad Cannstatt. Für Rösch kamen Pater Josef Müller sowie drei Mitglieder der Familie Meier ins KZ Dachau, Maria Meier ins Gestapogefängnis in München, Pfarrer Johann B. Neumaier, Bruder Paul Moser SJ und Direktor Franz Stadler ins Gestapogefängnis Berlin Moabit. So bestrafte das Regime diejenigen, die mitwirkten, einen Widerständler zu verstecken. Der Hausherr der Bauernfamilie Meier, die den Provinzial in ihrem Hof etwa 40 km östlich von München bei sich versteckt hatte, bezahlte diesen

Alfred Delp vor dem Volksgerichtshof
(© SJ-Archiv/Dia Dienst)

Freundschaftsdienst mit seinem Leben. Er starb im KZ Dachau an Typhus, während der Ortspfarrer Neumaier, der von dem Versteck wußte und Rösch auch besuchte, an Rösch gefesselt nach Berlin ins Gestapogefängnis gebracht wurde.

## 2. Zwischen Anti-Modernismus und Erneuerung

Trotz des in vielen Ländern fortdauernden Kulturkampfes und der häufig liberal und antiklerikal ausgerichteten Regierungen paßte sich die katholische Kirche dem Zeitgeist, der von wissenschaftlichem Fortschritt und Fortschrittsglauben geprägt war, nicht an. Vielmehr bekämpfte sie den sogenannten Modernismus. Pius X. (1903–1914) verurteilte in der Enzyklika „Pascendi" ausdrücklich damals neue rationalistische Tendenzen in der Bibelexegese und in der Dogmengeschichte. Ja, er führte 1910 sogar einen „Anti-Modernisten-Eid" ein, den alle katholischen Priester ablegen mußten. Letztlich ging es dabei nicht nur um moderne kritische Methoden der Theologie, sondern um das seit der Aufklärung brennende Problem, wie die fortschreitenden Erkenntnisse der Naturwissenschaften, der Geschichtswissenschaft und Philosophie mit der Offenbarungsreligion und dem biblischen Weltverständnis in Einklang zu bringen seien.

Durch die rigorose Festlegung Roms drohte die katholische Bibelwissenschaft gegenüber der viel freieren protestantischen zu stagnieren. Es bestand aber auch in anderen Bereichen die Gefahr, daß die Katholiken zurückblieben. Da manche Jesuiten sich für neue Wissenschaftsströmungen offen zeigten, gaben sie bald geistige Anstöße. Wenn es auch deswegen zunächst zwischen dem Papst und dem aus Deutschland stammenden Generaloberen Franz Xaver Wernz (1842–1914) zu Spannungen kam, so trugen die Jesuiten wesentlich dazu bei, den katholischen Rückstand in der von der historisch-kritischen Methode geprägten Bibelwissenschaft aufzuholen. Auch im Bereich der Philosophie und der Sozialwissenschaften beschritten Jesuiten neue Wege. Man denke an Theologen wie Jean Daniélou, Henri Lubac und Karl Rahner, an den Philosophen Erich Przywara, den Naturwissenschaftler und Theologen Pierre Teilhard de Chardin oder an Sozialwissenschaftler wie Heinrich Pesch, Gustav Gundlach und Oswald von Nell-Breuning. Während Mitglieder der Gesellschaft Jesu entscheidend dazu beitrugen, in der Theologie „das Traditionsmonopol der herrschenden katholischen Schultheologie des 19. Jahrhunderts" aufzuheben (Kiechle/Maaß), öffneten sich Jesuiten der zeitgenössischen Philosophie und gaben Anregungen für eine Verknüpfung von biblischem Schöpfungsverständnis und Evolutionslehre. Fruchtbar gestalteten sich auch die von den drei erwähnten Patres ausgehenden Ansätze einer katholischen Soziallehre, die auf die gesellschaftlichen Folgen der industriellen Revolution einging.

So haben Jesuiten durch ihre Anstöße, die dann nach dem Zweiten Weltkrieg besondere Beachtung fanden, sei es im Bereich der ökumenischen Bewegung (Augustin Bea), der Spiritualität (Peter Lippert) und der liturgischen Bewegung (Josef A. Jungmann) das Zweite Vatikanische Konzil (1962–1965) stark beeinflußt und mitgeprägt. Dies gilt vor allem auch für die dort vollzogene verstärkte Öffnung der katholischen Kirche für die Probleme der modernen Gesellschaft, die größere Sensibilität für Fragen der Menschenrechte und des Fortschritts.

Von 1900 an stieg die Zahl der Jesuiten kontinuierlich von 15073 auf 30579 im Jahr 1950 an und erreichte 1965 mit 36038 den Höchststand in der Geschichte des Ordens.

## 3. Der Orden nach dem Zweiten Vatikanischen Konzil

Seit den späteren sechziger und vor allem den siebziger Jahren des 20. Jahrhunderts erfolgte im Jesuitenorden wie in der gesamten katholischen Kirche, u.a. in den deutschsprachigen Ländern, ein starker Einbruch bei den Ordensmitglieds- und Priesterzahlen. Besonders stark waren von dieser allgemeinen Krise die Jahre von 1969/70 bis 1980 betroffen. Beantragten in der alten Bundesrepublik Deutschland von 1964 bis 1968 immerhin 195 Diözesanpriester die Laisierung, so waren es von 1969 bis 1973 schon 476. Auch in den Klöstern gab es von 1970 bis 1980 besonders viele Austritte, so z.B. im Benediktinerkloster Schwarzach in Franken, wo an einem einzigen Tag vier Mönche den Klostermauern den Rücken kehrten.

Es lag also im allgemeinen Trend in dieser Krisensituation, die fast an die Zeiten der Reformation erinnert, wenn in der norddeutschen Ordensprovinz der Gesellschaft Jesu von 1971 bis 1980 etwa ein Drittel der geweihten Priester aus dem Orden austrat. In der süddeutschen Provinz waren es damals ca. 20%. Zu diesen massiven Verlusten kam hinzu, daß sich die Nachwuchszahlen drastisch verringerten. Dies gilt nicht nur für die Societas Jesu und die meisten anderen Orden – ausgeprägter noch bei den Frauenorden –, sondern auch für die Priesterkandidaten. Gab es in Deutschland 1962 noch 557 Neupriester, so waren es 1970 nur 303 und 1999 nur noch 180. Die Laisierungen, 1979 weltweit noch 1576, verringerten sich allerdings seit 1981 stark. Während in Deutschland, aber auch in Nordamerika und in den meisten europäischen Ländern, besonders in Frankreich, die Zahl der Priester zurückging, nahm sie in anderen Teilen der Welt zu.

Auch die Zahl der Novizen (Ordensmitglieder während der zweijährigen Prüfungszeit, dem Noviziat) des Jesuitenordens ging weltweit stark zurück. Gab es 1961 immerhin 2190 Novizen mit der Absicht, Priester zu werden, 1965 noch 1931, so reduzierte sich deren Zahl auf 664 im Jahr 1971 und konnte sich dann auf einem etwas höheren Niveau halten.

Trotz dieser starken Rückgänge blieb die Gesellschaft Jesu, die 1981 in ihren 83 Provinzen und Vizeprovinzen 26 622 Mitglieder in 112 Ländern hatte, der größte Orden der Welt. 12 200 Jesuiten wirkten damals in Europa, 7400 in Nord- und 2700 in Lateinamerika, 4800 in Asien, 1200 in Afrika und 300 in Australien. Spitzenländer mit den meisten Jesuiten waren die USA (5618), Indien (3003), Spanien (2591), Italien (1931) und Frankreich (1124). Es gab in dieser Zeit zwölf Assistenzen: Indien, Afrika, Südamerika, Mittelamerika, Nordamerika, England, Frankreich, Spanien, Italien, ferner die Slawische, Fernöstliche und die Deutsche Assistenz, die 1981 fünf Provinzen (Österreich, Norddeutschland, Süddeutschland, Niederlande, Ungarn), zwei Vizeprovinzen (Schweiz, Litauen) und die „Mission" Lettland und Estland mit zusammen 1821 Mitgliedern umfaßte.

Nach dem Zweiten Vatikanischen Konzil engagierte sich der Orden weltweit besonders für die Armen und widmete sich dem von Papst Paul VI. geforderten Kampf gegen den Atheismus. Angesichts der vielen Aufgaben, der zunehmenden Gegensätze verschiedener Richtungen („Progressive", „Konservative" etc.) gab es auch in der Gesellschaft Jesu große innere Spannungen. Trotzdem übernahm der Orden in Asien neben den traditionellen Arbeitsfeldern Indonesien, China und Japan mit Vietnam und Südkorea auch neue. So wurde 1960 in Seoul die Sogang-Universität als geistiger und geistlicher Mittelpunkt gegründet, die eine starke Ausstrahlungskraft erzielen konnte. Von 1985 bis heute wuchs die Zahl der koreanischen Jesuiten immerhin von 47 auf 127 Mitglieder.

Besonders stark wirkte der Orden unter der Devise „Option für die Armen" in Lateinamerika. Initiiert wurden diese Aktivitäten durch das Dekret „Glauben und Gerechtigkeit", das von der 32. Generalkongregation des Ordens (1974/75) beschlossen wurde. Um die Armut zu bekämpfen, förderte der Orden die Alphabetisierung und Elementarschulbildung.

Die systematische Parteinahme für die Armen verwickelte die Jesuiten allerdings in schwere Konflikte nicht nur mit manchen Regierungen und rechtsgerichteten Organisationen, sondern auch mit einigen Bischöfen. Die zentralamerikanische Universität UCA von San Salvador wurde zu einem wichtigen Zentrum der linksgerichteten Befreiungstheologie, die für Emanzipation von der Missionstheologie, Inkulturation, Gemeinschaft mit den Schwachen und gegen ungerechte politische Strukturen und Repressionen eintrat, und geriet dadurch in scharfen Gegensatz zum Erzbischof, der dem Opus Dei nahestand. Am 16. November 1989 wurden sogar durch paramilitärische Einheiten sechs Jesuiten der UCA, darunter der Rektor Ignacio Ellacuria, ermordet.

## 4. Die Gesellschaft Jesu heute

Ähnlich wie in der Gesamtkirche werden in unserer Zeit auch im Jesuitenorden die verschiedensten Positionen vertreten, heutzutage oft auch sehr progressive, dem Papst und der Amtskirche gegenüber ausgeprägt kritische. Die Gesellschaft Jesu, die früher als konservatives Bollwerk des Papsttums galt, wird heute meist als fortschrittlich angesehen und hat sich in vielen Bereichen in den letzten Jahrzehnten neu orientiert. Selten findet man noch einen Jesuiten, der durch Gewand oder Ansteckkreuz in der Öffentlichkeit als Priester zu erkennen ist. So sind die einst so sehr in der Schußlinie stehenden Jesuiten nicht mehr in so starkem Maße die Zielscheibe kirchen- und klerusfeindlicher Angriffe in der Öffentlichkeit. Als solche Angriffspunkte dienen heute vor allem ausgeprägt konservative Gemeinschaften wie das Opus Dei oder die Petrusbruderschaft.

Nachdem der Orden durch seinen teilweise als einseitig politisch verstandenen Einsatz für Gerechtigkeit im Sinne der „Befreiungstheologie" zunehmende Probleme hatte, deshalb in Krisen geriet und dabei bei der jüngeren Jesuitengeneration immer weniger Rückhalt fand, setzte die 34. Generalkongregation von 1995 neue Akzente und Weichenstellungen. Demnach will die Gesellschaft Jesu die Option für die Armen „in einen größeren Kontext" einbetten und dabei die Verkündigung des Glaubens stärker betonen. Außerdem will sie, wie die Dekrete herausstellen, die Inkulturation (Bejahung der Kultur des anderen) und den interreligiösen Dialog besonders pflegen, ferner die Zusammenarbeit mit den Laien.

Betrachtet man die statistische Entwicklung des Jesuitenordens in den letzten 15 Jahren, so ging die Mitgliederzahl weiter zurück. Im Jahre 1990 gab es noch 24 421 Jesuiten, 1999 genau 21 714. Dabei gestaltet sich aber die Entwicklung in den verschiedenen Kontinenten sehr unterschiedlich. Ganz allgemein verlagert sich der Schwerpunkt von den alten Zentren Europa und Nordamerika in die früheren Missionsländer und die Dritte Welt. Ist nämlich in Westeuropa und Nordamerika ein dramatischer Rückgang der Mitglieder, des Nachwuchses und eine zunehmende Überalterung festzustellen, so erlebt der Orden nach dem Ende der kommunistischen Regime in Osteuropa sowie in Ostasien und Lateinamerika einen leichten Zuwachs, im subsaharischen Afrika und vor allem in Indien jedoch einen Aufschwung. Indien (einschließlich Sri Lanka) stellte 1985 mit 1029 der Novizen bereits 27,9% des Ordensnachwuchses, und dieser Anteil stieg bis 1999 mit 1350 schon auf 33,3%, während Westeuropa mit 422 nur noch 10,4% der Neuzugänge beisteuerte, Lateinamerika mit 767 immerhin 18,9%. So wird der Orden, der in Westeuropa am stärksten überaltert ist, immer mehr geprägt von Mitgliedern aus der sogenannten Dritten Welt, die seit 1985 mehr als die Hälfte und seit den 1990er Jahren mehr als 60% des Nachwuchses stellten.

In der Zentraleuropäischen Assistenz hatte am 1. Januar 2000 die Österreichische Provinz vier, die Norddeutsche fünf, die Süd- oder Oberdeutsche zwei, die Schweizerische zwei und die Niederländische einen Novizen. Relativ gut standen, gemessen an ihrer Einwohnerzahl, nur die Ungarische Provinz mit acht und die Litauische mit drei Novizen da.

In der US-amerikanischen Assistenz, die auch Nigeria-Ghana, Jamaika u.a. betreut, gab es 1999 ca. 3750 Mitglieder. Die Gesamtzahl verringert sich dort um etwa 100 pro Jahr.

Während auf die Schrumpfung in Westeuropa und Nordamerika organisatorisch mit Zusammenlegung von Ordensprovinzen (seit 1976 Frankreich, seit 1978 Italien nur noch eine Provinz; 2000 wurden die beiden deutschen Provinzen zusammengelegt) und Reduzierung von Wirkungsstätten reagiert wurde, so konnte der Orden in Afrika und vor allem in Indien seine Aktivitäten erweitern. In diesem großen Land erhöhte man seit 1986 die Zahl der Provinzen von elf auf sechzehn. Gleichzeitig mit dem Anwachsen der Mitgliederzahl wuchsen jedoch gerade in Indien die Spannungen zwischen verschiedenen Richtungen, die immer schwieriger im Rahmen des Gesamtordens zu integrieren sind. Auf der einen Seite wird eine Theologie ausgeprägter „Inkulturation" propagiert, in die verstärkt indisch-hinduistische Vorstellungen integriert werden. Dabei knüpft man an den Hinduismus der höheren Kasten an. Den Theologen dieser Strömung (Francis De Sa, Samuel Rayan, Sebastian Painadath und Ignatius Puthiadam) stehen andere Jesuiten gegenüber, die sich in betonter „Option für die Armen" besonders um die unteren Kasten und die Kastenlosen (Dalits) kümmern und sich für eine „Inkulturation durch Kontrast" einsetzen, wie der 1997 getötete Pater Thomas Anchanikal.

Da die Spannungen zwischen den Völkerschaften und verschiedenen Religionsgemeinschaften, etwa Moslems und Hindus, aber auch Moslems und Christen, Hindus und Christen in weiten Teilen Asiens offensichtlich zunehmen und sich vielfach in blutigen Konflikten entladen, werden auch Jesuiten davon betroffen. Bei den grausamen Unterdrückungs-, Massentötungs- und Vertreibungsmaßnahmen der moslemischen indonesischen Milizen gegen die mehrheitlich katholische Bevölkerung in Osttimor im Herbst 1999 wurden z. B. auch die Jesuitenpatres Karl Albrecht aus Deutschland und Tarcisius Dewanto aus Indonesien ermordet, die zu den Mitarbeitern des durch die Verleihung des Friedensnobelpreises bekannten Bischofs Belo gehörten. Das ehemals portugiesische Osttimor war 1975 von Indonesien mit Gewalt besetzt worden.

Die verschiedenen Aktivitäten des Jesuitenordens in den Bereichen Spiritualität, interreligiöser Dialog mit dem Islam und dem Zen-Buddhismus, Kultur, Seelsorge, Einsatz für die Gerechtigkeit, für die Benachteiligten und Flüchtlinge (Jesuit Refuge Service) sowie Bildungswesen sind beachtlich. Der Orden unterhielt 1998 in 73 Ländern auf fünf Kontinenten 177 Universitäten, Colleges, Philosophische und Theologische Fakultäten und ähnliches, ferner 83 Grundschulen, 388 weiterführende Schulen, 38 Technische Berufsschulen und 910 weitere Einrichtungen, die insgesamt von 1,5 Millionen jungen Menschen besucht wurden, unterrichtet von 80 000 Lehrkräften. Davon waren 6% Jesuiten. Allein in Lateinamerika gibt es mehr als 700 000 Schüler und Studenten, viele auch in Indien und auf den Philippinen. In Nordamerika, wo Erziehung und Bildung besondere Schwerpunkte der Ordenstätigkeit bilden, werden ca. 230 000 Studenten in 28 Jesuitenuniversitäten und ungefähr 50 High Schools unterrichtet. Die älteste, besonders angesehene Universität ist die bereits 1812 gegründete Georgetown University (Washington).

Da der Nachwuchs der Gesellschaft Jesu und somit auch die Mitgliederzahl, abgesehen von Indien und Afrika, stark abnimmt, müssen diese weltweiten Tätigkeiten immer mehr von Laienmitarbeitern geleistet werden. Trotzdem werden wegen mangelnden Nachwuchses besonders in Europa viele Arbeitsfelder abzugeben sein.

# Literaturhinweise

## a) Gedruckte Quellen

*Bleistein*, R. (Hg.): Dossier: Kreisauer Kreis. Dokumente aus dem Widerstand gegen den Nationalsozialismus. Aus dem Nachlaß von Lothar König SJ, Frankfurt a. M. 1987.

*Ders.* (Hg.): Rupert Mayer SJ. Leben im Widerspruch. Autobiographische Texte. Prozeß vor dem Sondergericht. Reden und Briefe, Frankfurt a. M. 1999.

*Ders.* (Hg.): Augustin Rösch. Kampf gegen den Nationalsozialismus, Frankfurt a. M. 1985.

*Bullinger*, H. (Hg.): Studiorum Ratio – Studienanleitung. Teilbd. 1: Text und Übersetzung. Teilbd. 2: Einleitung, Kommentar, Register, aus dem Lateinischen v. P. Stotz, Zürich 1987.

*Duhr*, B. (Hg.): Die Studienordnung der Gesellschaft Jesu. Mit einer Einleitung von B. Duhr SJ, Freiburg i. Br. 1896 (Bibl. d. kath. Pädagogik, Bd. 9).

*Gritschneder*, O. (Hg.): Ich predige weiter. Pater Rupert Mayer und das Dritte Reich. Eine Dokumentation, Rosenheim 1987.

*Ignatius von Loyola*: Briefe und Unterweisungen (Deutsche Werkausgabe Bd. 1), hg. von Peter Knauer, Würzburg 1993.

*Ders.*: Die Exerzitien, übertr. von Hans Urs von Balthasar, Einsiedeln 1965.

*Ders.*: Gründungstexte der Gesellschaft Jesu (Deutsche Werkausgabe Bd. 2), übers. v. P. Knauer, Würzburg 1998.

*Ders.*: Lebenserinnerungen des Hl. Ignatius von Loyola. Nach dem spanisch-italienischen Urtext übertragen, eingel. u. m. Anm. vers. v. A. Feder SJ, Regensburg 1922 [Vita].

## b) Bibliographische Hilfsmittel

Archivum Historicum Societatis Jesu, Rom, letzter Bd. 88 (1999).

*Backer*, A. u. A. de/*Sommervogel*, C.: Bibliothek de la Compagnie de Jésus, Bd. 1 ff., Bruxelles/Paris 1890 ff. (11 Bde u. 2 Suppl.-Bde).

*Hausberger*, B.: Jesuiten aus Mitteleuropa im kolonialen Mexiko. Eine Bio-Bibliographie, Wien/München 1995 (Stud. z. Gesch. u. Kultur d. iber. und iberoamerikan. Länder, Bd. 2).

*Polgár*, L.: Bibliographie sur l'histoire de la Compagnie de Jésus 1901–1980, Bd. 1 ff., Rom 1981 ff. (bis Bd. 3,3, Rom 1990).

*Valentin*, J.-M.: Le Théâtre des Jésuites dans les Pays de Langue Allemande. Répertoire bibliographique, 2 Bde, Stuttgart 1983/84.

## c) Darstellungen

*Anagnostou, S.*: Jesuiten in Spanisch-Amerika als Übermittler von heilkundlichem Wissen, Stuttgart 2000.

*Becher, H.*: Die Jesuiten. Gestalt und Geschichte des Ordens, München 1951.

*Bireley, R.*: Hofbeichtväter und Politik im 17. Jahrhundert, in: M. Sievernich SJ u. G. Switek (Hg.): Ignatianisch, S. 386–403.

*Ders.*: Maximilian von Bayern, Adam Contzen SJ und die Gegenreformation in Deutschland 1624–1635, Göttingen 1975.

*Ders.*: Religion and Politics in the Age of the Counterreformation. Emperor Ferdinand II., William Lamormaini, S. J., and the Formation of Imperial Policy, Chapel Hill 1981.

*Bitterli, U.*: Die „Wilden" und die „Zivilisierten". Grundzüge einer Geistes- und Kulturgeschichte der europäisch-überseeischen Begegnung, München ²1991.

*Bleistein, R.*: Rupert Mayer. Der verstummte Prophet, Frankfurt a. M. 1993.

*Ders.*: Die Jesuiten im Kreisauer Kreis. Ihre Bedeutung für den Gesamtwiderstand gegen den Nationalsozialismus, Passau 1990.

*Ders.*: Alfred Delp. Geschichte eines Zeugen, Frankfurt a. M. 1989.

*Breuer, D.*: Oberdeutsche Literatur 1565–1650. Deutsche Literaturgeschichte in frühabsolutistischer Zeit (ZBLG, Beih. 11, R. B.), München 1979.

*Duhr, B.*: Geschichte der Jesuiten in den Ländern deutscher Zunge, 4 Bde, Freiburg 1907–1928.

*Dunne, G. H.*: Das große Experiment. Die Chinamission der Jesuiten, Stuttgart 1965.

*Ebneter, A.*: Der Jesuitenorden, Zürich u. a. 1982.

*Falkner, A./Imhof, P.* (Hg.): Ignatius von Loyola und die Gesellschaft Jesu 1451–1556, Würzburg 1990.

*Fischer, H.-J.*: Der heilige Kampf. Geschichte und Gegenwart der Jesuiten, München 1987.

*Flemming, W.*: Geschichte des Jesuitentheaters in den Landen deutscher Zunge, Berlin 1923.

*Funiok, R./Schöndorf, H.* (Hg.): Ignatius von Loyola und die Pädagogik der Jesuiten. Ein Modell für Schule und Persönlichkeitsbildung, Donauwörth 2000.

*Gatz, E.* (Hg.): Geschichte des kirchlichen Lebens in den deutschsprachigen Ländern seit Ende des 18. Jahrhunderts – Die katholische Kirche, Bd. 4: Der Diözesenklerus, Freiburg i. Br. u. a. 1995.

*Gründer, H.*: Welteroberung und Christentum. Ein Handbuch zur Geschichte der Neuzeit, Gütersloh 1992.

*Hartmann, P. C.*: Der „Jesuitenstaat" in Südamerika 1609–1768. Eine christliche Alternative zu Kolonialismus und Marxismus, Weißenhorn 1994.

*Hausberger, B.:* Für Gott und König. Die Mission der Jesuiten im kolonialen Mexiko, Wien u. a. 2000.

*Hehl, U. von* (Bearb.): Priester unter Hitlers Terror. Eine biographische und statistische Erhebung, Mainz 1984.

*Hengst, K.:* Jesuiten an Universitäten und Jesuitenuniversitäten. Zur Geschichte der Universitäten in der Oberdeutschen und Rheinischen Provinz der Gesellschaft Jesu im Zeitalter der konfessionellen Auseinandersetzung, Paderborn 1981.

*Hess, G.:* Spectator – Lector – Actor. Zum Publikum von Jacob Bidermanns Cenodoxus, in: Int. Arch. für Sozialgesch. der dt. Lit. 1 (1976), S. 30–106.

*Huber, A.:* Historia Collegii Straubingani. Aufzeichnungen des Straubinger Jesuitenkollegs, Teil 1. ff., 1977 ff.

Die Jesuiten in Ingolstadt 1549–1773, hg. v. B. Ettelt/K. Batz, Ingolstadt 1991.

Die Jesuiten in Bayern 1549–1773. Ausstellungskat., Weißenhorn 1991.

Jesuiten. Wohin steuert der Orden? Eine kritische Selbstdarstellung von einem Autorenteam SJ, Freiburg i. Br. 1975. (Herderbücherei, Bd. 532).

*Kastner, J.:* Geistliche Rüstkammer. Gedanken zur geistigen Struktur der Jesuitenbibliothek, in: Die Jesuiten in Passau. Schule und Bibliothek 1612–1773, Passau 1987, S. 229–424.

*Kiechle, St./Maaß, C.* (Hg.): Der Jesuitenorden heute, Mainz 2000.

*Koch, L.:* Jesuitenlexikon. Die Gesellschaft einst und jetzt, Paderborn 1934 (ND 1961).

*Kraus, A.:* Das Gymnasium der Jesuiten zu München und die Bayerische Akademie der Wissenschaften, in: W. D. Gruner/M. Völkel (Hg.): Region – Territorium – Nationalstaat – Europa. Beitr. z. einer europ. Geschichtslandschaft, FS L. Hammermayer, Rostock 1998, S. 176–198.

*Li, W.:* Die christliche China-Mission im 17. Jahrhundert. Verständnis, Unverständnis, Missverständnis. Eine geistesgeschichtliche Studie zum Christentum, Buddhismus und Konfuzianismus, Stuttgart 2000.

*Lucas, T. M.* (Hg.): Saint, Site and Sacred Strategy. Ignatius, Rom and Jesuit urbanism, Rom 1990.

*O'Malley, J. W.:* Die ersten Jesuiten. Dt. v. Klaus Mertens, Würzburg 1995.

*Ders. u. a.* (Hg.): The Jesuits. Cultus, Sciences, and the Arts 1540–1773, Toronto u. a. 1999.

*Meier, J.* (Hg.): „...usque ad ultimum terrae". Die Jesuiten und die transkontinentale Ausbreitung des Christentums 1540–1773, Göttingen 2000.

*Meissner, W. W.:* Ignatius von Loyola. Psychogramm eines Heiligen, Freiburg u. a. 1997.

*Müller, M.:* Die Entwicklung des höheren Bildungswesens der französischen Jesuiten im 18. Jahrhundert bis zur Aufhebung 1762–1764. Mit besonderer Berücksichtigung der Kollegien von Paris und Moulins, Frankfurt a. M. 2000.

*Müller, M.:* Die Opposition von Papst Klemens XIII. und des Gallikanischen Episkopats gegen die Unterdrückung der Gesellschaft Jesu in Frankreich 1761–1765. Masch. Mag.-Arbeit, Mainz 1996.

*Müller, R. A.:* Hochschulen und Gymnasien, in: W. Brandmüller (Hg.): Handbuch der bayer. Kirchengesch., Bd. 2, St. Ottilien 1993, S. 535–556.

*Müller, W.:* Universität und Orden im ausgehenden 18. Jahrhundert. Die bayerische Landesuniversität Ingolstadt zwischen der Aufhebung des Jesuitenordens und der Säkularisation (1773–1803), Berlin 1986.

*Ders.:* Bildungspolitische Auswirkung der Aufhebung des Jesuitenordens, in: M. Liedtke (Hg.): Hdb. der Gesch. des bayer. Bildungswes., Bd. 1, Bad Heilbrunn/Obb. 1991, S. 711–726.

*Poppe, M.:* Alfred Delp SJ im Kreisauer Kreis. Die Rechts- und sozialphilosophischen Grundlagen in seinen Konzeptionen für eine Neuordnung Deutschlands, Mainz 1994.

*Rahner, H.:* Ignatius von Loyola als Mensch und Theologe, Freiburg u. a. 1964.

*Schwaiger, G. (Hg.):* Mönchtum, Orden, Klöster. Von den Anfängen bis zur Gegenwart. Ein Lexikon, München [2]1998.

*Schwarte, G.:* Ignatius von Loyola und sein Verhältnis zu Juden, Conversos und der Inquisition. Masch. Mag.-Arbeit, Mainz 1996.

*Sievernich, M./Switek, G. (Hg.):* Ignatianisch. Eigenart und Methode der Gesellschaft Jesu, Freiburg u. a. [2]1991.

*Ders.:* Homo jesuiticus, in: Schwarze, M. (Hg.): Der neue Mensch. Perspektiven der Renaissance, Regensburg 2000, S. 53–78.

*Stierli, J. (Hg.):* Ignatius von Loyola. Gott suchen in allen Dingen, München/Zürich 1987.

*Valentin, J.-M.:* Le théâtre des Jésuites dans les pays de langue allemande (1554–1680), 3 Bde, Bern u. a. 1978.

*Wimmer, R.:* Die Bühne als Kanzel. Das Jesuitentheater des 16. Jahrhunderts, in: H. Kuester (Hg.): Das 16. Jahrhundert. Europäische Renaissance, Regensburg 1995, S. 149–166.

*Ziegler, W.:* Die Rekatholisierung der Oberpfalz, in: H. Glaser (Hg.): Um Glauben und Reich. Kurfürst Maximilian I. (Wittelsbach und Bayern II, 1) München u. a. 1980, S. 436–447.

# Die Generaloberen der Gesellschaft Jesu

| | |
|---|---|
| Ignatius von Loyola | 1541–1556, Spanien |
| Jacobus Lainez | 1558–1565, Spanien |
| Franciscus Borgia | 1565–1572, Spanien |
| Everardus Mercurianus | 1573–1580, Kath. Niederlande |
| Claudius Acquaviva | 1581–1615, Italien |
| Mutius Vitelleschi | 1615–1645, Italien |
| Vincentius Caraffa | 1646–1649, Italien |
| Franciscus Piccolomini | 1649–1651, Italien |
| Alexander Gottifredi | 21. 1.–12. 3. 1652, Italien |
| Goswinus Nickel | 1652–1661/1664, Hl. Röm. Reich |
| Ioannes Paulus Oliva | 1661–1681, Italien |
| Carolus de Noyelle | 1682–1686, Kath. Niederlande |
| Thyrsus Gonzalez | 1687–1705, Spanien |
| Mich. Angelus Tamburini | 1706–1730, Italien |
| Franciscus Retz | 1730–1750, Hl. Röm. Reich, Böhmen |
| Ignatius Visconti | 1751–1755, Italien |
| Aloysius Centurione | 1755–1757, Italien |
| Laurentius Ricci | 1758–1773/1775, Italien |

*1773–1814 in Rußland:*

| | |
|---|---|
| Stanislaus Czerniewicz | 1782–1785, Litauen |
| Gabriel Lenkiewicz | 1785–1798, Litauen |
| Franz X. Karew | 1799–1802, Litauen |
| Gabriel Gruber | 1802–1805, Österreich |
| Thaddäus Brzozowski | 1805–1814, Polen |

| | |
|---|---|
| Thaddäus Brzozowski | 1814–1820, Polen |
| Aloysius Fortes | 1820–1829, Italien |
| J. Philippus Roothaan | 1829–1853, Niederlande |
| Petrus Bechx | 1853–1887, Belgien |
| Antonius Anderledy | 1888–1892, Deutschland |
| Luis Martin | 1892–1906, Spanien |
| Franz X. Wernz | 1906–1914, Deutschland |
| Wladimir Ledóchowski | 1915–1942, Polen |
| Johannes Janssens | 1946–1964, Belgien |
| Pedro Arrupe | 1965–1983, Spanien |
| Peter-Hans Kolvenbach | seit 1983, Niederlande |

# Mitgliederzahlen

| | | | |
|---|---|---|---|
| 1556 | 1000 | 1840 | 3485 |
| 1580 | 5165 | 1860 | 7144 |
| 1600 | 8519 | 1880 | 10521 |
| 1615 | 13112 | 1900 | 15073 |
| 1627 | 15544 | 1920 | 17245 |
| 1680 | 17665 | 1940 | 26293 |
| 1710 | 19988 | 1965 | 36038 (Höchststand) |
| 1749 | 22589 | 1970 | 32898 (Abnahme 5,2%) |
| 1773 | ca. 23000 | 1980 | 27053 (−17,8%) |
| 1814 | ca. 600 | 1990 | 24421 (−9,7%) |
| 1820 | ca. 1300 | 1999 | 21714 (−11%) |

# Zeittafel

| | |
|---|---|
| 1491 | Ignatius wird in Azpeitia (Loyola) geboren. |
| 1517 | Thesen Martin Luthers. |
| 1519 | Kaiserwahl Karls V. |
| 1521 | Ignatius in Pamplona schwer verwundet, innere Umkehr. |
| 1534 | Gelübde auf dem Montmartre bei Paris. |
| 1540 | Bestätigung der Gesellschaft Jesu durch Papst Paul III. |
| 1541 | Franz Xaver bricht nach Indien auf. |
| 1541–1564 | „Gottesstaat" Calvins in Genf. |
| 1544 | Köln, erste Jesuitenniederlassung in Deutschland. |
| 1545–1563 | Konzil von Trient. |
| 1551 | Gründung des Römischen Kollegs, (1556 durch Paul IV. mit Universitätsrechten versehen; heutige „Gregoriana"). |
| 1551 | Gründung des „Deutschen Kollegs" (Germanicum) in Rom. |
| 1555 | Augsburger Religionsfrieden. |
| 1556 | Ignatius errichtet die Oberdeutsche und Niederdeutsche Provinz. Tod des Ignatius in Rom. Abdankung Karls V. |
| 1558 | Erste Generalkongregation billigt die Ordenssatzungen; Errichtung der Deutschen Assistenz; Lainez zweiter General. |
| 1563 | Die Österreichische Ordensprovinz wird errichtet. |
| 1581 | Claudius Acquaviva wird General. |
| 1582 | Matteo Ricci SJ begründet die Chinamission. |
| 1599 | Die „Studienordnung" (ratio studiorum). |

| | |
|---|---|
| 1609 | Gründung der Indianerreduktionen in Paraguay. |
| 1618–1648 | Dreißigjähriger Krieg. |
| 1631 | „Cautio criminalis" (anonym) von P. Friedrich Spee gegen die Hexenprozesse. |
| 1683 | Belagerung Wiens durch die Türken. |
| 1756–1763 | Siebenjähriger Krieg. |
| 1757 | Vertreibung der Jesuiten aus Portugal und dessen Kolonien. |
| 1762/64 | Verbot der Gesellschaft Jesu in Frankreich. |
| 1767 | Vertreibung der Jesuiten aus Spanien, Neapel-Sizilien und Parma. |
| 1773 | Aufhebung der Gesellschaft Jesu durch ein Breve Papst Klemens' XIV. |
| 1789 | Französische Revolution. |
| 1793/94 | Terrorzeit in Frankreich. |
| 1801 | Pius VII. bestätigt offiziell den Orden im Zarenreich. Der Litauer P. Franz Xaver Karew wird zum neuen Ordensgeneral gewählt. |
| 1804–1814/15 | Kaiserzeit Napoleons I. |
| 1806 | Ende des Heiligen Römischen Reiches. |
| 1814 | Allgemeine Wiederherstellung des Ordens durch Pius VII. |
| 1829 | Johann Philipp Roothaan wird General. |
| 1857 | Jesuiten übernehmen die theologische Fakultät in Innsbruck. |
| 1864 | „Syllabus". |
| 1870 | Erstes Vatikanisches Konzil. |
| 1870/71 | Deutsch-französischer Krieg. |
| 1871 | Gründung des von Preußen beherrschten Deutschen Reiches. |
| 1872 | Vertreibung der Jesuiten aus dem Deutschen Reich. |
| 1914–1918 | Erster Weltkrieg. |
| 1917 | Oktoberrevolution in Rußland. |
| 1933 | Machtergreifung Hitlers in Deutschland. |
| 1939–1945 | Zweiter Weltkrieg. |
| 1944 | Attentat auf Adolf Hitler. |
| 1945 | Hinrichtung von P. Alfred Delp. |
| 1962–1965 | Zweites Vatikanisches Konzil. |
| 1978 | Wahl Kardinal Woitilas zum Papst Johannes Paul II. |
| 1989 | Zusammenbruch des Kommunismus in der Sowjetunion und in Europa. |
| 2000 | Vereinigung der beiden deutschen Jesuitenprovinzen. |

# Register

125